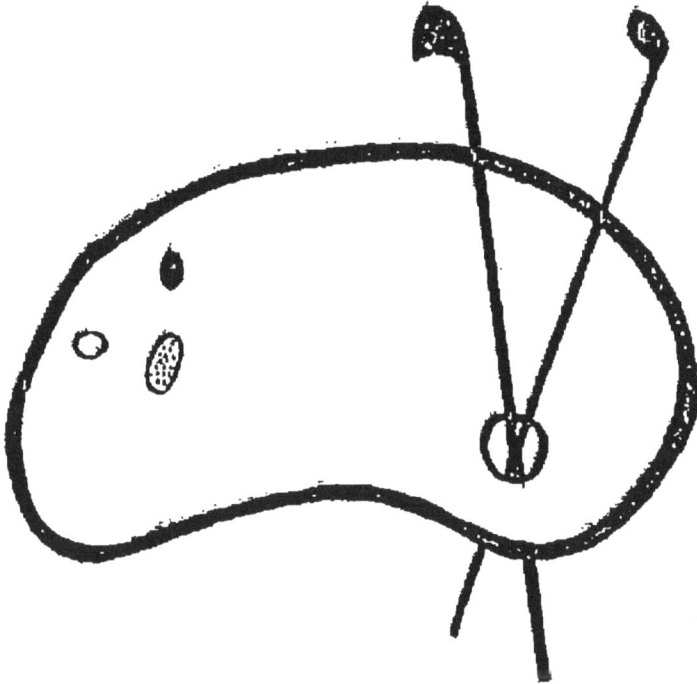

COUVERTURE SUPÉRIEURE ET INFÉRIEURE
EN COULEUR

THÈSE POUR LE DOCTORAT

DROIT ROMAIN

ÉTUDE COMPARÉE DE LA DOT PROFECTICE

ET DE LA DONATION *PROPTER NUPTIAS*

DROIT FRANÇAIS

DU DON EN AVANCEMENT D'HOIRIE

FAIT A UN HÉRITIER RÉSERVATAIRE

PAR

PIERRE DENIAU

AVOCAT

LAURÉAT DE LA FACULTÉ DE DROIT

TOULOUSE

IMPRIMERIE ET LIBRAIRIE ÉDOUARD PRIVAT,

5, RUE DES TOURNEURS, 45

1891

THÈSE

LE DOCTORAT

8° F
7798

FACULTÉ DE DROIT DE TOULOUSE.

MM. PAGET, ※, Doyen, professeur de Droit romain.

BONFILS, ※, Doyen honoraire, professeur de Droit commercial.

ARNAULT, ※, professeur d'Économie politique.

DELOUME, professeur de Droit romain.

CAMPISTRON, professeur de Code civil.

WALLON, professeur de Code civil.

BRESSOLLES (Joseph), professeur de Procédure civile.

VIDAL, professeur de Droit criminel.

HAURIOU, professeur de Droit administratif.

BRISSAUD, professeur d'Histoire générale du Droit.

ROUARD DE CARD, professeur de Code civil.

DE BŒCK, agrégé, chargé du cours de Législation financière.

MÉRIGNHAC, agrégé, chargé du cours de Droit international privé.

TIMBAL, agrégé, chargé du cours de Droit constitutionnel.

DESPIAU, agrégé, chargé du cours d'Éléments du Droit constitutionnel.

M. Noussu, secrétaire.

M. HUMBERT, O. ※, sénateur, professeur honoraire.

M. HUC, ※, Conseiller à la Cour d'appel de Paris, professeur honoraire.

M. BRESSOLLES (G.), ※, professeur honoraire.

GINOULHIAC, ※, professeur honoraire.

POUBELLE, O ※, professeur honoraire, préfet de la Seine.

PRÉSIDENT DE LA THÈSE : M. CAMPISTRON.

SUFFRAGANTS :
{ MM. ARNAULT, ※.
DE BŒCK.
TIMBAL.

La Faculté n'entend approuver ni désapprouver les opinions particulières du candidat.

THÈSE POUR LE DOCTORAT

DROIT ROMAIN

ÉTUDE COMPARÉE DE LA DOT PROFECTICE

ET DE LA DONATION *PROPTER NUPTIAS*

DROIT FRANÇAIS

DU DON EN AVANCEMENT D'HOIRIE

FAIT A UN HÉRITIER RÉSERVATAIRE

PAR

PIERRE DENIAU

AVOCAT

LAURÉAT DE LA FACULTÉ DE DROIT

TOULOUSE

IMPRIMERIE ET LIBRAIRIE ÉDOUARD PRIVAT,

5, RUE DES TOURNEURS, 45

1891

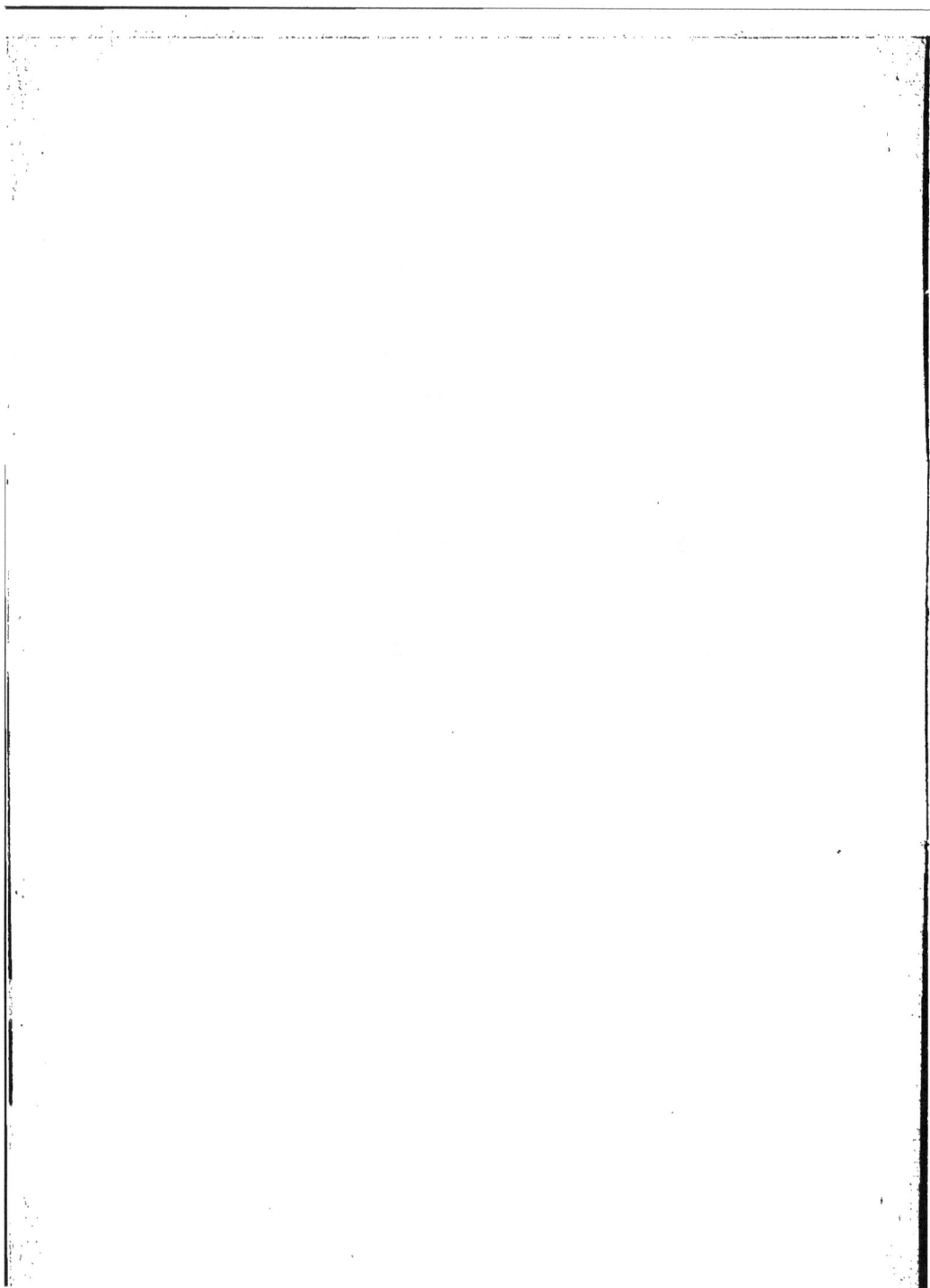

DROIT ROMAIN

INTRODUCTION.

Le mariage entraîne avec lui des obligations et des charges pour les nouveaux époux. Il est donc nécessaire que l'un et l'autre y contribuent autant que possible suivant leurs moyens; c'est à cette occasion et dans ce but que la femme apporte une *dot*, le mari une donation dite à cause de noces, ou *propter nuptias*.

Ces libéralités ont été bien vues par le législateur romain; il les a entourées de faveurs, avec juste raison. En effet, toute loi dans laquelle on ne chercherait pas à assurer la durée et la prospérité des mariages serait non seulement contraire à l'humanité, mais pourrait même compromettre l'existence de la nation. C'est, en effet, par le mariage que se constitue la famille, et c'est la famille qui est le fondement de la société.

Sans doute, c'est en obéissant à une affection réciproque

que l'homme et la femme contractent mariage, et à ce point de vue le rôle de la loi est très borné; elle n'a à se préoccuper que du maintien de l'ordre public et des bonnes mœurs. Son influence s'exerce surtout si on se préoccupe des intérêts matériels des époux, et certes ils ont bien leur importance, au début d'une nouvelle vie, où fortune, intelligence, travail, activité vont être mis en commun dans un même but.

A l'origine, c'est à la femme seule qu'est constituée une dot; elle l'apporte au mari pour subvenir aux charges du ménage, et elle lui est donnée le plus souvent par son père ou ses ascendants. Dans le cas où la dot a été constituée par le père ou un ascendant paternel, la dot est dite *profectice (à patre profecta)*; elle est dite *adventice* si elle a été constituée soit par la femme de ses propres biens, soit par un tiers quelconque. *Dos aut profectitia dicitur, id est quam pater mulieris dedit; aut adventitia, id est ea quæ à quovis alio data est* (Ulp., Reg. 6, § 5). Dans le cas particulier où la constitution de la dot adventice avait été faite avec stipulation de retour au constituant, elle prenait le nom de *réceptice* (Ulp., Reg. 6, § 5). Nous nous bornerons à l'étude de la dot profectice; c'est du reste le cas qui se présente le plus fréquemment. « Ces expressions *dos profectitia, dos adventitia* s'expliquent facilement. La dot est due par le père de famille, par lui seul. La dot profectice arrive donc naturellement au mari, tandis que la dot adventice est une bonne fortune sur laquelle il ne pouvait pas compter[1]. »

C'est beaucoup plus tard, sous l'influence des lois nouvelles et des progrès de la civilisation, qu'apparaît la do-

1. Accarias, *Précis de Droit romain*, t. 1, p. 775, note 1.

nation faite au futur mari par les parents de ce dernier en vue du mariage. C'est la donation *antè* ou *propter nuptias*.

Nous nous proposons d'étudier d'abord séparément ces deux institutions, pour pouvoir mieux les comparer ensuite ; mais avant d'examiner en détail les règles particulières auxquelles ces donations sont soumises, règles qui tiennent à la qualité du donateur et du donataire, aux liens qui les unissent, aux circonstances qui ont motivé l'acte de libéralité, il faut de toute nécessité connaître les principes généraux qui gouvernent cet acte.

Ce sera l'objet des *Notions générales sur les Donations*, et, par une division toute naturelle, le chapitre premier sera consacré à l'étude de la *Dot profectice* ; le chapitre II, à la *Donation propter nuptias*; enfin, dans un chapitre III sera faite la *Comparaison entre la Dot profectice et la Donation propter nuptias*.

Notions générales sur les donations.

En Droit romain, le mot *donation* est un terme vague qui contient plusieurs idées distinctes.

Il est pris souvent dans le sens de transfert à titre gratuit de la propriété ou quelque autre droit réel.

Dans un sens plus général il désigne l'acte par lequel une personne appelée donateur s'appauvrit en enrichissant une autre personne appelée donataire.

De cette définition nous pouvons dégager trois éléments essentiels : 1° appauvrissement du donateur; 2° enrichissement du donataire; 3° intention de libéralité chez le donateur.

1° Il faut qu'il y ait appauvrissement du donateur.

Appauvrissement, c'est-à-dire diminution du patrimoine de l'aliénateur par un sacrifice gratuit de ses droits déjà acquis ou qu'il lui est loisible d'acquérir.

Ainsi l'usufruitier qui ne jouit pas ne fait pas une donation. On peut même aller plus loin et dire qu'il n'y a point donation lorsque l'appauvrissement ne porte pas sur le capital. Ainsi il n'y a pas donation dans le cas du prêt d'une somme d'argent bien qu'il y ait privation momentanée de jouissance (L. 22, D., 30, 5). Mais il peut parfaitement y avoir diminution de patrimoine et par conséquent appauvrissement par l'abandon de droits que l'on va acquérir immédiatement; par exemple, renonciation à une hérédité ou répudiation d'un legs en faveur de quelqu'un (L. 14, § 3, D., 23, 5).

2° Il faut qu'il y ait enrichissement du donataire.

Enrichissement, c'est-à-dire augmentation du patrimoine appréciable en argent.

Le maître qui affranchit son esclave et le père qui émancipe son fils ne font pas une donation. La liberté n'a pas de valeur vénale. *Libertas res est inœstimabilis*, a dit un grand jurisconsulte romain. De même se porter caution pour un débiteur insolvable n'est pas donner (L. 1, § 19, D., 38. 5). De même faire la remise d'un gage (L. 18, D., 42. 2). On ne saurait non plus voir une donation dans le fait de fournir des sûretés réelles ou personnelles à son créancier ; c'est simplement lui procurer le moyen d'être plus sûrement payé et arriver ainsi à se faire ouvrir près de lui un plus grand crédit.

3° Il faut que le donateur ait eu l'intention de faire une libéralité.

C'est ce que les Romains appelaient *animus donandi*. Le disposant ne doit pas se croire contraint à faire l'acte, *nullo jure cogente* (L. 29, D., 39. 5). S'il croit payer sa dette et que celle-ci n'existe pas, il n'y a pas donation, mais payement de l'indû.

Il faut, sans doute, que l'*animus donandi* apparaisse comme cause déterminante de la donation ; mais il ne serait pas détruit pour avoir été inspiré par d'autres motifs étrangers à la pure bienveillance, par exemple l'ostentation ou des vues plus ou moins intéressées.

Tels sont les éléments essentiels de toute donation ; il n'y en a point d'autres.

Elle n'exige pas même le consentement du donataire. Sans doute, la donation constitue le plus souvent un acte bilatéral; mais le concours des deux volontés, du donateur et du donataire, n'est pas indispensable. On ne peut opposer l'adage : *Non potest liberalitas nolenti adquiri*, formulé par Ulpien (L. 19, § 2, D., 39. 5), car 'e jurisconsulte fait simplement allusion au fait le plus fréquent, où la donation résulte d'une convention et d'un commun accord.

Évidemment, nul n'est donataire s'il ne le veut; mais, en principe, il faut décider que le donataire n'a pas besoin de consentir pour que l'acte soit une donation. Ainsi, je paye la dette d'autrui uniquement pour enrichir le débiteur de cette dette, ou bien, sciemment, j'achète un objet quelconque bien au-dessus de sa valeur. Celui que je veux ainsi gratifier ignore mon intention bienveillante; cela suffira-t-il pour qu'il n'y ait pas donation?

Pour Cujas (Obs. XII, 28, et Consult. N. 43), le consentement du donataire est nécessaire et indispensable pour la validité de la donation; sans ce consentement, elle ne saurait servir de *justa causa* à une acquisition et ne serait pas soumise aux règles spéciales qui en précisent les limites.

Cette opinion ne saurait être admise en présence de textes formels comme les lois 23, D., 46. 3 et 10, D., 39. 5. La loi 23 : *Solutione et inviti et ignorantes liberari possumus.* Qu'est-ce à dire sinon que la donation faite à l'insu du donataire le libère complètement et le met à l'abri de toutes poursuites? Dans la loi 10 il s'agit d'un absent à qui l'on veut faire une donation par l'intermédiaire de son esclave. Si la chose est donnée à l'esclave pour être envoyée à son maître, il n'y a pas donation jusqu'à l'acceptation de ce dernier; mais si la chose a été donnée directement à l'esclave, elle devient la propriété du

maître, à son insu, *sed si nescit reus... ejus fiat*. La donation est donc formée sans que le donataire y ait consenti.

Si le donateur se trompe sur la personne du donataire
il n'y a pas donation; la réciproque n'est pas vraie, et
la donation sera déclarée valable quoique le donataire
se soit trompé sur la personne du donateur.

La donation entre-vifs se distingue de la donation à
cause de mort (dont nous n'avons pas à nous occuper dans
ces notions générales, la dot profectice et la donation
propter nuptias étant des donations entre-vifs), par deux
caractères principaux : 1° elle doit être irrévocable, c'est-
à-dire que le donateur ne peut en principe revenir sur la
donation qu'il a faite; 2° elle doit être actuelle, c'est-à-
dire que le dépouillement du donateur et l'enrichissement
du donataire doivent être immédiats.

Jusqu'ici nous nous sommes occupés de la donation, en
dehors de l'idée de tout concours de volontés ; nous avons
même démontré que la donation pouvait parfaitement
exister sans qu'il y ait consentement du donataire. Mais,
en pratique, la donation est rarement un acte unilatéral ;
le bénéficiaire de la libéralité est presque toujours appelé
à donner son consentement sur l'offre de donation qui
lui est faite, et, envisageant désormais le cas ordinaire,
nous ne nous préoccuperons que de la donation conventionnelle. Quelle est la portée de l'accord des parties ?

La donation n'ayant pas été rangée au nombre des contrats, elle n'était la source d'aucune obligation civile
pour le donateur; le donataire n'a pas d'action pour le
contraindre à exécuter son engagement. L'action (*actio*)
est le corrélatif de l'obligation civile (*obligatio*). Ces deux
expressions marchent toujours ensemble et sont employées
en même temps par les jurisconsultes romains. Le t. VII,

L. 44, D., comme le t. X, L. 4, C., portent comme rubrique : *De obligationibus et actionibus.*

Qu'était donc la donation? Un simple pacte dénué en
soi de tout effet obligatoire, un pacte nu, *nudum pactum,*
qui ne permettait pas au donataire d'agir en justice contre
le donateur. *Nuda pactio obligationem non parit* (L. 7, § 4,
D., 2. 14), *ex pacto actio non oritur* (L. 15, D., 19. 5). La
corrélation subsiste toujours : pas d'obligation, pas d'action. Cependant, le pacte produit une obligation naturelle : *Nuda pactio obligationem non parit, sed parit excep-
tionem,* c'est-à-dire une obligation de beaucoup inférieure
à l'obligation civile, et qu'on peut faire valoir par le
moyen d'une exception; par exemple, lorsque l'on est
lié en vertu d'une obligation naturelle, on ne peut plus
répéter comme indû ce que l'on a payé. *Naturalis obligatio manet et ideo solutum repeti non potest* (L. 19, pr. D.,
12. 6). *Repetere non poterit, quia naturale agnovit debitum*
(L. 64, D., 12. 6). La donation n'étant qu'un simple pacte
lorsque le donateur voulait être tenu civilement (donation
obligatione), il devait employer les formes solennelles de
la stipulation, ou de l'*expensilatio,* suivant qu'il promet-
tait de donner verbalement ou par écrit; alors le donataire avait une action contre le donateur; c'était toujours
une *condictio.* Si ces formes solennelles n'étaient pas
employées, il n'y avait que « la manifestation impuis-
sante d'un désir de libéralité[1] » (F. V., § 226 et s.).

Au cas de *datio,* c'est-à-dire de donation de droit réel,
le donataire était muni d'une action réelle, civile ou pré-
torienne, selon la nature du droit et le mode employé
pour le transférer. Enfin, au cas de donation *liberatione,*

1. Accarias, t. I, p. 744.

ou remise de dette, il fallait, pour que la donation fût parfaite, que le donateur eût employé le mode solennel de l'*acceptilatio*, et alors la dette était éteinte, *ipso jure*, ou un simple pacte de *non petendo*, cas auquel la dette subsistait selon le Droit civil, mais elle était éteinte, grâce à l'exception *pacti conventi*, accordée par le préteur.

En résumé, dans l'ancien Droit, il fallait, pour que la donation existât, fût parfaite, qu'une voie de droit soit ouverte au donataire.

A partir de la loi Cincia (an 549 ou 550 de Rome), il y eut pour les donations un certain taux qu'elles ne devaient pas dépasser : *modus legitimus*. Les donations *intrà modum* ou adressées à des *personæ exceptæ* restèrent soumises aux règles précédentes. Quant aux donations *suprà modum*, leur formation est plus difficile. Pour qu'elles soient définitives, il faut qu'elles aient reçu une pleine exécution. Il ne suffit pas que le donataire ait une action contre le donateur; il faut, de plus, que ce dernier n'ait plus le moyen de revenir sur ce qu'il a déjà fait, de retirer sa donation. Par exemple, si pour une *res mancipi* il y a eu tradition sans mancipation, le donateur pourra revendiquer jusqu'à l'expiration des délais de l'usucapion, et si le donataire lui oppose l'*exceptio rei donatæ et traditæ*, il pourra à son tour opposer la *replicatio legis Cinciæ*, c'est-à-dire une exception à l'exception. Bien plus, au cas de donation mobilière, si le meuble *mancipi* ou *nec mancipi* avait été mancipé et livré, le donateur pouvait le reprendre au moyen de l'interdit *utrubi*, pourvu toutefois qu'il eût possédé plus longtemps que le donataire pendant l'année qui a précédé le débat (Gaïus, IV, 151. F. V., § 311).

Il faut donc bien retenir que jusqu'à la période du droit

impérial la donation fut un simple pacte. *Professio donatio- nis apud acta factæ, cum neque mancipationem, neque tra- ditionem subsecutam esse dicas, destinationem potius libera- litatis quàm effectum rei actæ continet* (F. V., § 266). (Voir aussi F. V., § 263, 268).

La première réforme que tenta le Droit impérial fut fait par Antonin le Pieux.

Ce prince décida que la simple convention de donation, pourvu qu'elle eût été écrite et l'écrit remis au dona- taire (Fr. Vatic. 268 et 297), serait obligatoire entre ascendants et descendants. La constitution de ce prince ne nous est pas parvenue, mais voici en quels termes Constantin indique et confirme la dérogation qu'elle con- sacre : *Juxta divi Pii, consultissimi principis, instituta, valere donationes placet inter liberos et parentes, in quocum- que solo et cujuslibet rei liberalitas probabitur exstitisse, licet neque mancipatio dicatur neque traditio subsecuta, sed nuda tantùm voluntas claruerit, quæ non dubium consilium teneat, nec incertum, sed judicium animi tale proferat, ut nulla quæstio voluntatis possit irrepere* (L. 4, C. Th., 8. 12).

Constance Chlore exigea, à peine de nullité, que toutes les donations fussent soumises à la formalité de l'insi- nuation, qui consistait dans la copie de l'acte de dona- tion sur des registres à ce destinés.

Telles étaient les règles générales des donations au moment où Justinien monta sur le trône. Cet empereur étendit à toutes les donations entre-vifs ce qu'Antonin le Pieux n'avait établi que pour les donations faites par les ascendants à leurs descendants : *Perficiuntur autem, quum donator suam voluntatem scriptis aut sine scriptis manifestaverit; et ad exemplum venditionis, nostra constitu- tio eas etiam in se habere necessitatem traditionis voluit, ut, etiam si non tradantur, habeant plenissimum et perfectum robur, et traditionis necessitas incumbat donatori* (Inst., liv. II, t. VII, § 2).

La donation devint ainsi un *pacte légitime.* Le donataire put en poursuivre l'exécution, qu'elle consistât *dando, obligando* ou *liberando,* et fut muni d'une action personnelle, d'une *condictio ex lege.* On appelait *condictio ex lege* toute action qu'une loi ou une constitution impériale nouvelle avait introduite sans lui donner un nom particulier. C'est ce que nous dit le jurisconsulte Paul, dans la loi unique, D, 13, 2 : *Si obligatio nova lege introducta sit, nec cautum eadem lege, quo genere actionis experiamur, ex lege agendum est.*

Depuis Justinien, les donations inférieures à 500 solidis (12 fr. 50) n'eurent plus besoin d'être insinuées; l'omission de cette formalité n'entraînait la nullité que pour le surplus.

Les donations continuèrent à être irrévocables ; car, en principe, le donataire une fois la donation réalisée était à l'abri du caprice du donateur ou de ses héritiers. La loi Cincia, il est vrai, en fixant un taux, *legitimus modus,* que les donations ne pouvaient excéder (sauf pour les *personæ exceptæ*), c'est-à-dire les cognats jusqu'au cinquième degré inclusivement et le conjoint), et en permettant au donateur de revenir sur sa libéralité en la retenant à l'aide de *l'exceptio legis Cinciæ,* avait porté atteinte au principe de l'irrévocabilité. Il subsistait néanmoins en ce que l'effet de la donation ne dépendait pas du prédécès du donateur, et en ce que ce dernier ne pouvait se réserver le droit de révoquer la libéralité.

Cependant, et cela était juste, en cas de donation *sub modo,* il pouvait y avoir lieu à révocation pour cause

2

d'inexécution des charges. De même, Justinien introduisit une cause de révocation de la donation pour ingratitude (L. 10, C., 8. 56).

Il était indispensable, pour l'intelligence des règles de détail qui vont suivre, de mettre en lumière les règles générales de l'acte à titre gratuit, car la donation à cause de noces est une véritable libéralité. Nous savons qu'elle doit être envisagée sous deux formes : dot profectice et donation *propter nuptias*. C'est la plus ancienne de ces deux institutions que nous devons tout d'abord étudier dans le Chapitre premier.

CHAPITRE PREMIER.

De la dot profectice.

La constitution de la famille romaine rendait impossibles les libéralités entre-vifs du père à ses enfants. La raison en est évidente. Un fils sous la puissance de son père ne peut rien avoir en propre ; tout ce qu'il acquiert, il l'acquiert pour son père. Aussi la donation faite par un père à l'un de ses enfants *in potestate* est-elle nulle en principe, à moins qu'elle n'ait été confirmée par testament. Cette nullité subsiste quand même le père serait mort sans changer de volonté ; la persistance de la volonté ne pourrait confirmer une donation irrégulière. *Quoniam quod præcessit totum irritum est* (Fr. Vat., § 204). Cette donation ne pouvait même servir de *justa causa* à l'usucapion.

Tels étaient les principes rigoureux du vieux Droit romain. On y dérogea bientôt, et avec juste raison, en faveur de la fille qui, en se mariant, restait soumise à la puissance paternelle. Elle eut le droit de recevoir de son père une dot qui restât sa propriété personnelle, et il est remarquable que la première innovation du Droit impérial en ce qui touche la forme des donations eut pour objet de les favoriser.

Nous venons de voir, en effet, qu'Antonin le Pieux

avait rendu obligatoire la promesse de donation entre ascendants et descendants, et en avait ainsi fait un *pacte légitime*, muni d'une *condictio ex lege*.

La donation ainsi faite par le père à la fille, au moment du mariage, s'appela *dot profectice (à patre profecta)*.

Trois paragraphes seront consacrés à l'étude de cette importante institution.

§ 1er. *Caractères et modes de constitution de la dot profectice.*

§ 2. *Condition pendant le mariage des biens qui la composent.*

§ 3. *Restitution de la dot profectice.*

Dans un court Appendice seront exposées sommairement les règles du rapport de la dot profectice *(Collatio dotis profectitiæ)*.

§ 1er. — *Définitions et caractères de la dot profectice. Ses modes de constitution.*

On appelle dot ce que la femme ou ses parents donnent ou promettent au mari pour l'aider à supporter les charges du mariage.

Ulpien (L. 5, D., *de Jure Dotium*, 23. 3) nous donne la définition de la dot profectice : *Profectitia dos est quæ à patre vel à parente profecta est de bonis vel facto ejus.*

Cette définition exclut toute idée de puissance paternelle sur la fille. Ce n'est pas la puissance paternelle, dit Ulpien au paragraphe 11 de cette même loi 5, mais le titre de père ou d'ascendant qui donne le caractère de profectice à la dot par eux constituée : *Si pater pro filiâ emancipatâ dotem dederit profectitiam , nihilominus dotem esse nemini dubium est, quia non jus potestatis sed parentis nomen profectitiam facit.*

Il ne faut pas, à notre avis, considérer à la légère la dernière partie de cette phrase. Évidemment, le jurisconsulte romain a voulu prendre le mot *parens* dans son sens technique; *parens*, c'est-à-dire *qui parit*, en un mot le père ou l'ascendant *per virilem sexum*. Il en est ainsi de la définition qu'il nous donne de la dot profectice; car si la dot est constituée par la mère ou un ascendant maternel, elle prend la qualification d'adventice, comme celle qui est constituée par un tiers.

La dot est profectice, d'après Ulpien, quand elle est constituée *a patre vel a parente, vel facto ejus.*

Ceci nous montre que, quoique la dot n'émane pas directement du père, elle peut néanmoins être profectice, si en définitive elle est à sa charge. Ulpien en donne des exemples dans la loi 5.

La dot est profectice, dit le paragraphe 1, soit qu'elle ait été donnée par l'ascendant lui-même, son mandataire, ou bien même par un étranger, pourvu que dans ce dernier cas l'étranger ait eu l'intention de gérer l'affaire de l'ascendant et que celui-ci ait ratifié.

Sera encore profectice une dot fournie à la fille par une personne dont le but principal est de rendre le père donateur, ou par le curateur du père devenu fou, enfin par le préteur si le père tombe en captivité (§§ 2, 3 et 4).

Dans les paragraphes 7 et 8, nous voyons un exemple frappant de la faveur dont les lois entouraient les constitutions de dot. La dot a-t-elle été fournie par un fidéjusseur ou un *expromissor* du père, ou bien par un fils de famille avec de l'argent emprunté dans le but de gérer l'affaire de son père? elle sera encore qualifiée de profectice, car dans le premier cas le père est tenu par l'action *mandati contraria* de rembourser ce qui a été payé à sa place; dans le second, par l'action *de in rem verso* envers le préteur.

En définitive, dans tous ces cas, l'ascendant supporte la charge de la dot, et cela suffit pour la faire considérer comme profectice.

Grand est l'intérêt de la distinction entre la dot profectice et la dot adventice. Il est très important de le bien retenir : tandis que la dot profectice sera, au cas de dissolution du mariage par la mort de la femme, restituée au père ou à l'ascendant paternel, la dot adventice restera au mari qui, en principe, en devient le propriétaire définitif. Pour le retour de toute autre dot que la dot profectice, il faut une stipulation formelle (L. 1, § 13, C., *de rei uxoriæ Actione*, 5. 13, L. 9, C.; *de Pactis conventis*, 5. 14). La dot prend alors le nom de dot réceptice; ce n'est au fond qu'une variété de la dot adventice.

Dans la dot adventice, on n'a donc pas à s'enquérir d'où elle vient; au contraire, il y a intérêt à connaître le point de départ de la dot profectice : *etenim ea reversura est undè profecta est.*

Au point de vue des modes de constitution de la dot, il n'y a aucune différence entre la dot adventice et la dot profectice. Et quand Ulpien nous dit : *Dos aut datur, aut dicitur, aut promittitur* (Fragm., t. VI, § 1), ce qu'il dit de l'une s'applique à l'autre.

Datio, dictio, promissio, tels sont les trois modes de constitution de la dot profectice. Ils ne sont pas également accessibles à tout le monde.

La *dictio* dut seulement être employée par la femme, son débiteur, ou un ascendant mâle uni à elle *per virilis sexus cognationem*.

La *datio dotis* s'opérait par les modes ordinaires de translation de propriété : *mancipatio* pour les choses *mancipi*, *traditio* pour les choses *nec mancipi*, *cessio in jure* pour les choses *mancipi* et *nec mancipi*, exception faite des fonds provinciaux qui ne comportaient pas la tradition[1].

La *promissio dotis* n'est autre que la stipulation ordinaire. La stipulation est formée par une interrogation et une réponse conformes au moyen de termes sacramentels. *Fundum Cornelianum doti mihi dari promittis?* disait le mari. *Promitto*, disait le constituant. Le contrat donnait lieu à une *condictio certi* ou à une action *ex stipulatu*. La *promissio dotis* pouvait se faire d'une manière pure et simple, à terme ou à condition.

La *dictio dotis*, avons-nous dit, était le mode spécial réservé au père et aux ascendants paternels; aussi devons-nous nous y arrêter plus longuement.

Il n'y avait pas lieu, comme dans le mode précédent, à une interrogation et à une réponse. Le constituant, par des paroles solennelles, déclarait au mari que telles choses ou telle somme lui seraient données en dot. On peut supposer vraisemblablement (Lois 25; 44, § 1; 46, § 1; 50, pr. D., *de Jure dot.*, 23. 3) que la formule était celle-ci : *Fundus Cornelianus tibi doti erit* ou *Decem aurei tibi doti erunt*.

Quelques vers de Térence nous permettent de croire

---

1. Dans la *datio dotis* rentre l'acceptilation faite au mari par un de ses créanciers qui lui laisse, à titre de dot, les valeurs formant l'objet de sa dette.

qu'en pratique ces paroles étaient suivies de l'acceptation du mari. Dans l'*Andria* (acte V, scène IV, vers 47 et 48), Chremès dit :

Dos Pamphili est,

Decem talenta.

Et Pamphile répond :

Accipio.

La *dictio dotis* ne produisait qu'une simple créance, exigible seulement au cas où elle aurait été suivie du mariage, *si nuptiæ secutæ fuerint.*

Cependant, dans certains cas, elle produisait des effets plus énergiques. Ainsi, si le futur est débiteur de sa future d'une somme d'argent par exemple, et que la femme se constitue en dot cette somme, le mari est immédiatement libéré. Il y a doute sur le point de savoir si cette libération a lieu *ipso jure*, comme au cas d'acceptilation. Paul, dans la loi 25, D., 23. 3, et Tryphoninus dans la loi 77 *hoc titulo*, disent que la libération a lieu de plein droit, *liberatio contingit, obligatio tota tollitur.* Au contraire, Julien, dans la loi 46, § 1, h. t., n'accorde au mari qu'une exception, *potest exceptione se tueri adversus petentem fundum.*

De même, si le futur promet à sa femme un objet dont il est propriétaire et que la femme se le constitue en dot, l'objet devient dotal immédiatement.

La *dictio dotis* était moins fréquemment employée que la *promissio.* Dans les lois 44, § 1, 46, § 1, D., 23. 3; dans la loi 31, § 1, D., 46. 2, le mot *dixit* a été remplacé par le mot *promisit.* Ces substitutions viennent de ce que depuis Théodose II et Valentinien III, en 428, la *dictio dotis* est tombée en désuétude (Loi 6, C., 5. 1).

Le père qui dote sa fille émancipée peut-il employer la *dotis dictio*? Non, d'après Cujas (sur la loi 44, D., *de Jure dotium*). M. Accarias (T. I, n° 311) pense de même. Il nous paraît difficile d'admettre cette opinion en présence des termes formels de la loi 5, § 11, D., *de Jur. dot.*, 23. 3. Ulpien affirme que la dot n'en est pas moins profectice lorsque la fille est émancipée; en outre, dans le § 2, t. VI de ses *Règles*, ce jurisconsulte entre dans des détails précis sur les relations de parenté qui rendent possible la *dictio dotis*, et on est en droit de supposer qu'il eût ajouté la condition de puissance paternelle, si elle eût été nécessaire.

La *dictio dotis*, d'après Pothier, serait un *actus legitimus*, et par conséquent ne serait susceptible d'aucune modalité : terme ou condition. L'argument à l'appui de cette théorie serait dans la loi 48, D., *de Jur. dot.*, où il est parlé d'une constitution de dot à terme, mais par voie de stipulation, c'est-à-dire par voie de *promissio dotis*.

Il est aisé de répondre qu'aucun texte ne vient appuyer l'assertion de Pothier. Rien ne prouve d'abord que la *dictio dotis* fut un *actus legitimus*. Nous ne la voyons pas figurer dans la loi 77, D., 50. 17, *de Regulis juris*, de Papinien. En outre, la loi 125, D., 50. 16, *de Verb. sign.* admet parfaitement la possibilité d'un terme ou d'une condition lorsque la constitution de dot est faite par *dictio*.

Nous avons vu que la femme, son père, tout autre parent ou même un étranger pouvaient constituer la dot. Le père seul était obligé de le faire. Dans le premier état du droit, il n'y était contraint que par un devoir moral, *officium pietatis*; mais plus tard, les mœurs se relâchant, la loi Julia, dans le but d'encourager les *justæ nuptiæ*, contraignit le père à constituer une dot à sa fille; la fille avait une action pour l'y forcer. A défaut du père, l'ascendant paternel était tenu de constituer la dot (L. 19, D., 23. 2). Quant à la mère, elle ne fut tenue de doter sa fille que dans des cas exceptionnels, et encore à partir du Bas-Empire.

Il est à ce propos intéressant de rapprocher cette loi 19 de l'article 204 de notre Code civil : « *Capite trigesimo quinto legis Juliæ, qui liberos quos habent in potestate injuriâ prohibuerint ducere uxores vel nubere; vel qui dotem dare non volunt, ex constitutione Divorum Severi et Antonini, per proconsules præsidesque provinciarum coguntur in matrimonium collocare et dotare...* »

L'article 204 dispose au contraire : « L'enfant n'a pas d'action contre ses père et mère pour son établissement par mariage ou autrement. »

Au premier abord, on pourrait croire que la loi 19 oblige le père à doter sa fille en puissance seulement, et non la fille émancipée; mais la loi 7, au C. 5, 11, est formelle.

Ce troisième mode de constitution de la dot, la *dotis dictio*, tomba bientôt en désuétude; car les empereurs Théodose et Valentinien décidèrent, en 428, que le simple pacte de constitution de dot deviendrait obligatoire; c'était désormais un pacte légitime susceptible de produire une action. *Ad exactionem dotis, quam semel præstari placuit, qualiacumque sufficere verba censemus [sive scripta fuerint], sive non, etiamsi stipulatio in pollicitatione rerum dotalium minimè] fuerit subsecuta* (L. 6, C. 5. 11.)

La dotis dictio fut dès lors inutile, et la dot ne se cons-
titua plus dans le dernier état du droit que par dation,
promesse ou simple pacte.

De l'obligation imposée au père de fournir une dot à
sa fille découlaient des résultats importants.

En principe, si un tiers promet une dot d'une façon
indéterminée, la promesse *est inutile*, sauf si le tiers
s'en est rapporté à l'arbitrage d'un homme intègre, *arbitrium boni viri*. Au contraire, s'il s'agit du père ou de
l'ascendant paternel, on admettait par faveur, pour la
dot, qu'une telle promesse faite d'une façon indéterminée,
et sans l'*arbitrium boni viri*, serait valable (Loi 69, § 4,
de Jure dot.)

De plus, les prohibitions du Sénatus-Consulte Macédo-
nien à l'égard du fils de famille ne lui étaient pas appli-
cables, lorsque faisant l'affaire de son père il a emprunté
pour doter sa fille ou sa sœur (Lois 7, § 5, D., *De in rem
verso; 7, § 2 et loi 17, de Senatus-Consulto Macedoniano;
loi 5, § 8, de Jure dotium.*)

On avait même fait une exception remarquable au
principe que l'esclave ne peut jamais rendre son maître
débiteur. Nous voyons, en effet, dans la loi 8, D., *De in
rem verso*, que l'esclave, en empruntant pour doter la
fille de son maître, obligeait celui-ci au remboursement,
tant était grande la faveur avec laquelle on voyait les
constitutions de dot à Rome! et l'obligation imposée au
père de famille était si grave, que lorsque ce dernier,
oubliant son devoir, avait laissé à sa fille l'hérédité à
charge de fidéicommis, celle-ci pouvait se soustraire à la
dernière volonté de son auteur, en prélevant le montant
de sa dot sur l'hérédité qu'elle devait restituer !

En résumé, nous pouvons dire que la dot pouvait

être : 1° *data*; 2° *promissa*; 3° *dicta*; 3° *acceptilata*. **Data**, quand la propriété est transférée; *promissa*, quand le mari stipule; *dicta*, quand le mari devient créancier ou cesse d'être débiteur; enfin, *acceptilata*, cas particulier d'extinction d'une dette contractée *verbis*. La femme pouvait parfaitement faire acceptilation, à titre de dot, au mari débiteur.

Enfin, il faut dire que la dot était le moyen de distinguer les justes noces du concubinat.

§ 2. — *Condition pendant le mariage des biens qui composent la dot profectice.*

La dot profectice peut se composer d'une universalité de biens (Loi 4, C., *de Jure dot.*) ou de plusieurs choses sous une alternative (Loi 46, § 1, D., *de Jure dot.*).

Il est essentiel de remarquer que lorsqu'une chose est donnée en dot, la qualité de dotale s'étend à tous les accessoires, par exemple aux alluvions et aux îles, si un fonds riverain a été donné en dot, ou à un droit d'usufruit se réunissant à une nu-propriété (Loi 4, D., *de Jure dot.*) ou au part des esclaves (Loi 69, § 9, D., *de Jure dot.*).

La dot profectice peut aussi comprendre comme tout autre dot des meubles et des immeubles, des corps certains ou des choses *in genere* (L. 44, § 1, D., *cod.*, *tit.*), des créances, une pleine propriété ou un démembrement de propriété. On peut constituer ces mêmes objets d'une manière indivise (Loi 78, § 1, D., *cod. tit.*; loi 46, C., *de Jure dot.*).

Quels étaient les pouvoirs du mari sur la dot profectice ?

Un premier point certain est que la dot est dans les biens du mari. La loi 1, D., *de Jure dotium*, 23. 3, nous apprend, en effet, que la cause de la dot est perpétuelle, et que, conformément au vœu du constituant, elle est donnée pour rester toujours entre les mains du mari. La loi 69, § 8, *eod. tit.*, nous dit la même chose : *In dotem rebus œstimatis et traditis, quamvis eas mulier in usu habeat, viri dominium factum videretur.*

A l'origine, les pouvoirs du mari sur la dot étaient illimités; il pouvait en disposer à titre gratuit et même la transmettre à ses héritiers. Mais bientôt ce droit trop absolu se transforma.

Sous Auguste, une loi Julia, habituellement désignée sous le nom de loi Julia, *de fundo dotali*, ou de *Adulteriis*, vint restreindre dans l'intérêt de la femme les droits trop absolus du mari. Elle décida que le mari, malgré sa qualité de propriétaire, ne pouvait aliéner le fonds dotal italique sans le consentement de la femme (L. 4, D., 23. 5; Gaïus II, 63). De l'inaliénabilité du fonds dotal résultait naturellement l'impossibilité d'usucaper (L. 16, D., 23. 5). (V. art. 1554, 1560, 1591, C.). Auguste avait voulu, par ces dispositions, reconstituer la classe moyenne et augmenter le nombre des mariages légitimes.

La même règle fut étendue aux immeubles provinciaux. Mais il y avait des exceptions : 1° la prohibition de la loi Julia ne s'étendait pas aux meubles; 2° elle ne s'appliquait pas aux immeubles estimés; ils étaient censés vendus (L. 10, § 4, D., 23. 3); le prix d'estimation seulement est dotal et le mari peut aliéner seul cet immeuble (L. 11, D., 23. 5); 3° la loi Julia ne s'appliquait pas aux aliénations dites nécessaires (L. 78, § 4, D., 23. 3).

La loi Julia contenait-elle la prohibition d'hypothéquer

le fonds dotal? La question est controversée. Nous pensons que cette loi défendait au mari d'hypothéquer même avec le consentement de sa femme. *Lex arctius prohibet quod facilius fieri putat.* MM. Demangeat, Accarias (t. I, n° 314), Gaston May (*Éléments de droit romain*, t. II, p. 214) pensent que la loi Julia ne s'occupait que des aliénations. L'opinion contraire nous paraît préférable.

M. Accarias invoque un texte de Gaïus II, §, 63, et un texte de Paul, II, 216, § 2, et prétend que ces textes, les seuls qui relatent la disposition de la loi Julia, se bornent à exprimer que le mari ne peut pas aliéner le fonds dotal sans la volonté de la femme. Nous répondons que ces textes sont généraux et n'avaient pas à faire la distinction entre l'aliénation et l'hypothèque. On nous dit, en second lieu, que l'hypothèque était à peine connue en Italie au moment où fut portée la loi Julia; on n'aurait pas pu songer à la prohiber. Sans doute, l'hypothèque n'était pas entrée à cette époque dans le domaine de la pratique habituelle; mais cette institution était déjà connue avant Auguste, car les usages grecs s'étaient introduits à Rome.

L'argument fondamental que nous pouve·s invoquer est tiré de la L. 4, D., 23. 5, où Gaïus nous présente la loi Julia comme statuant *ne liceat obligare vel alienare.* Nos adversaires prétendent que cette loi a été altérée: mais cette assertion n'a aucun fondement sérieux. Nous pouvons invoquer aussi le témoignage de Justinien qui est formel. (Pr. Inst., II, 8), L. 4, § 15, C. 5. 13 : *Lex Julia... alienationes inhibebat quæ invita muliere fiebant, hypothecas autem earum rerum etiam volente eâ.*

Après la loi Julia, le mari resta propriétaire de la dot (L. 7, § 3, D., 23. 3; L. 9, § 4, D., 23. 5). Il pouvait aliéner les meubles dotaux, les immeubles stimés (L. 11,

D., 23. 5). Il lui fallait le consentement de sa femme pour aliéner les immeubles non estimés.

Au Bas Empire, en 529, nous voyons Justinien déclarer que si le bien dotal n'a pas été valablement aliéné la femme a la revendication ou à son choix une hypothèque privilégiée. En 530, la loi Julia fut étendue aux fonds provinciaux. L'empereur Justinien alla plus loin dans la voie de l'inaliénabilité : il interdit l'aliénation aussi bien que l'hypothèque des biens dotaux, même avec le consentement des femmes, de peur que la faiblesse de leur sexe n'aboutît à la ruine de leur fortune, *ne sexus muliebris fragilitas in perniciem substantiæ earum converteretur.* I. pr., II, 8.

En 530 est accordée à la femme une hypothèque tacite sur les biens propres du mari (L. 1, § 14, C. 5. 13). En 531, Justinien, dans la fameuse constitution *Assiduis,* dépasse les mesures raisonnables. en accordant à la femme une hypothèque privilégiée sur tous les biens du mari, hypothèque préférable même aux créanciers antérieurs au mariage (L. 12, C. 8. 18).

Du principe de l'inaliénabilité des biens apportés par la femme découlait pour le mari la prohibition de faire une aliénation partielle, c'est-à-dire de les grever de servitudes (L. 5, D., 23. 5). L'inaliénabilité du fonds dotal commençait avec le mariage; elle durait, après sa dissolution, jusqu'à la restitution de la dot, dont nous parlerons bientôt.

Les droits de la femme sur la dot profectice étaient très restreints : elle n'avait ni droit de propriété, ni droit aux revenus, ni droit d'administrer. Cependant, dans certains cas, la femme avait le droit d'enlever au mari, *ad inopiam deductus,* et de prendre en main, pendant le mariage,

l'administration des biens qui composaient la dot profectice (Constitution 29 de Justinien, C. 5, 12). Cela arrivait
quand le mari détournait ces biens de leur destination et
mettait en péril la fortune de la famille par une mauvaise gestion, par exemple s'il tombait en déconfiture : la
femme pouvait alors, à l'encontre des créanciers du mari,
retenir entre ses mains sa dot et la donation à cause de
noces. Si les créanciers s'en étaient emparés, elle pouvait
revendiquer ; mais elle n'avait aucun droit de disposition
sur les biens dont l'administration lui était confiée ; elle
ne pouvait qu'en utiliser les fruits pour sa vie, celle de
son mari et celle de ses enfants.

§ 3. — *Restitution de la dot profectice.*

En principe, la dot n'est pas restituable pendant le
mariage, car avant tout elle a été constituée dans le
but d'aider le mari à supporter les charges de la vie
commune.

Mais le mariage peut se dissoudre par la mort de l'un
des conjoints ou par le divorce.

A propos de la dot profectice, ce que nous devons
étudier, c'est la restitution de cette dot à l'ascendant
donateur. Cette restitution se produit au cas de dissolution du mariage par la mort de la femme ; il y a lieu
alors au *retour légal.*

Aussi mentionnons-nous dès maintenant, et pour n'avoir
pas à y revenir, ce qui se passe lorsque le mariage est
dissous par le divorce. Que devient alors la dot profectice ? S'il existe un juste motif de divorce et que la femme
y ait donné lieu, elle perd la dot profectice (L. 8, §§ 4 et 5,

C. 5. 17.) Si c'est le mari qui y a donné lieu, la femme a pour reprendre sa dot l'action *ex stipulatu*, que Justinien lui a accordée. La dot profectice se restitue aussi à la femme quand le mariage se dissout par prédécès du mari.

Mais bornons-nous à étudier les droits de l'ascendant donateur quand l'union conjugale prend fin par la mort de la femme. Nous diviserons en quatre parties l'examen de cette question :

1° Raisons d'être du retour légal.

2° A qui est accordé le retour de la dot profectice ?

3° A quelles conditions est-il subordonné ?

4° Quelles choses font retour à l'ascendant donateur ?

1° *Raisons d'être du retour légal.*

Pendant les cinq premiers siècles de Rome, la dot se présenta comme une véritable donation faite à titre définitif par la femme au mari. Ce caractère primitif de la dot est conforme à l'étymologie du mot *dos.* (Festus, v° *dos.*) *Dotem manifestam est ex Græco esse* δίδωναι, *dicitur apud eos dare.* Il en résultait, puisque la donation était définitive, que le mari n'était pas obligé de restituer. Qu'il survécût ou non, le mari acquérait toujours et irrévocablement la dot de la femme, ce qui faisait dire au jurisconsulte Paul : *Dotis causa perpetua est.*

Mais du sixième siècle à Justinien, l'action *rei uxoriæ*, qui consacre la restitution de la dot, apparaît peu à peu. Cette restitution fut d'abord légale avant d'être conventionnelle. Mais les conventions devinrent si usuelles que la loi dispensa les parties de les insérer dans la constitution de dot.

3

Le mariage était-il dissous par la mort de la femme? la dot profectice retournait à l'ascendant donateur. Le mari pouvait seulement retenir un cinquième par enfant sur la dot. De même, à l'aide d'un pacte très usité à Rome, le *pactum vulgare* (L. 30, D., 23. 4), il pouvait se faire consentir le droit de conserver la dot entière ou une partie de la dot, mais avec le consentement de la femme et de l'ascendant donateur, sinon la convention était inefficace (L. 7, *in fine*, D., 33. 4.)

Le mariage était-il dissous par la mort du mari? Dans un but d'intérêt public et pour faciliter les seconds mariages, la femme survivante avait droit à la restitution de sa dot, à l'encontre des héritiers du mari : *Reipublicæ interest, mulierum dotes salvas esse, propter quas nubere possint.*

Dans cette période, la restitution de la dot n'était pas imposée au mari lorsque les seconds mariages étaient devenus impossibles, c'est-à-dire lorsque le mariage se dissolvait par la mort de la femme. Sous Justinien, la situation change et la restitution de la dot est imposée au mari dans tous les cas, quel que soit l'événement qui mette fin à l'union conjugale; les secondes noces sont vues avec une grande défaveur, et ce n'est pas pour permettre à la femme de trouver plus facilement un second mari que sa dot lui est restituée, mais pour lui laisser la situation matérielle dont elle jouissait avant le mariage et l'aider dans l'entretien et l'éducation de ses enfants légitimes.

Si le mariage est dissous par la mort de la femme, la dot retourne toujours à l'ascendant qui l'a constituée (F. V., § 108). Mais Justinien supprime pour le mari le droit de retenir un cinquième sur la dot par chaque enfant (*Lex*

unica, § 5, C. 5. 13). Néanmoins, comme dans la période
précédente, le mari peut se faire consentir par l'ascendant,
assisté de sa fille, le droit de conserver la dot.

Si le mariage est dissous par la mort du mari, sous Justinien, comme sous la période précédente, la femme survivante a droit à la restitution de sa dot. Mais ce droit ne
revêt pas les mêmes caractères sous les deux périodes. Du
sixième siècle à Justinien, le droit de la femme est tantôt
légal, tantôt conventionnel; sous Justinien, le droit de la
femme est toujours conventionnel, jamais légal. Il est
toujours conventionnel, parce que c'est en vertu d'une
stipulation sous-entendue que la femme réclame la restitution de sa dot (*Lex unica*, C. Pr., et § 1, 5. 13.) C'est
pour cela que, sous Justinien, l'action *rei uxoriæ* n'existe
plus; c'est toujours l'action *ex stipulatu*, une action *ex
stipulatu* modifiée, que la femme aura pour reprendre sa
dot.

On peut donc dire en résumé que, sauf pendant les
cinq premiers siècles, le point caractéristique de la dot
profectice est que, en dehors de toute stipulation faite à
cet effet, à la dissolution du mariage faite par la mort de
la femme elle sera restituée au père ou à l'ascendant
paternel qui l'a constituée. *Mortua in matrimonio muliere,
dos a patre profecta ad patrem revertitur.* (Ulp. Fragm.,
tit. VI, § 4.)

Quelles sont les raisons d'être de ce droit de retour?
Pour nous, il faut les chercher en dehors des deux
motifs que les textes romains nous indiquent. Domat
(liv. II, tit. II, sect. 3) a dit avec raison : « Les libéralités des ascendants envers les descendants renferment
cette condition tacite et sous-entendue que, s'il arrive
que le donateur survive au donataire, il reprendra le

bien dont il ne se dépouillait que pour le faire passer à ses descendants. »

Dans ces quelques lignes est renfermée la véritable raison d'être du droit de retour. C'est dans une stipulation tacite sous-entendue, au profit du père ou de l'ascendant paternel lors de la constitution de dot, qu'elle consiste. Par la force même des choses, cette stipulation ne pouvait être expresse, car pouvait-on obliger un ascendant à prévoir le décès de celui auquel il constituait une dot ?

Si on objecte que les mêmes raisons militent en faveur de l'ascendant maternel qui, lui, n'a pas droit au retour, nous répondrons que cela tient à l'organisation romaine, où la mère et les ascendants maternels n'eurent jamais de place convenable dans la famille.

Pour Pomponius, la raison d'être du droit de retour est la suivante : le père ayant perdu sa fille ne peut encore avoir la douleur de perdre son argent. Étrange parallèle entre l'une et l'autre perte et si peu en rapport avec l'affection paternelle. Aussi citerons-nous la loi 6 (Pr. *de Jure dot.*, 23. 3), pour la curiosité du fait : *Jure succursum est patri, ut filia amissa solutii loco cederet, si redderetur ei dos a patre profecta, ne et filiæ amissæ et pecuniæ damnum sentiret.*

Un autre motif plus juridique il est vrai, mais inacceptable comme le précédent, nous est donné dans la loi 2 C. *de Bonis quæ liberis*, 6. 61 : *Prospiciendum est ne hac injectâ formidine, parentum circâ liberos munificentia retardetur.* On veut encourager la générosité des ascendants en leur laissant entrevoir qu'à la mort de leurs enfants le fruit de leurs bienfaits ne passera pas entre des mains étrangères.

Nous réfuterons ces deux arguments par cette considération bien simple, c'est que les idées qui y sont contenues peuvent être appliquées à la mère et aux ascendants maternels, comme au père et aux ascendants paternels. Et cependant jamais à Rome, la mère et les ascendants maternels n'auront droit au retour de la dot par eux constituée.

2° A qui est accordé le retour légal ?

L'ascendant paternel, *per virilem sexum conjunctus*, a seul droit au retour. Tel est le principe fondamental (*L. unica, C., § 13, de rei uxoria actione, 5. 13; Fr. Vatic., § 100*).

Le père adoptif a aussi droit au retour (L. 5, § 1, J. D., de jure dot., 23. 3). L'adopté, en effet, est entré dans la famille de l'adoptant pour y prendre la situation d'un enfant issu du mariage.

Quant au père naturel, la question ne se pose même pas à Rome, aucun lien de parenté entre lui et ses enfants n'étant reconnu par la loi.

Aucune controverse ne s'est élevée à ce sujet. Il n'en est pas de même pour l'hypothèse suivante :

Un aïeul dote sa petite-fille; le père de cette dernière a-t-il droit au retour, au cas de prédécès de l'aïeul ?

Pour nous, le père n'aura droit au retour de la dot profectice constituée par le grand-père prédécédé que si ce dernier l'a constituée en considération de son fils et non par affection pour sa petite-fille. La loi 6, D., de Collat., bonorum, 37. 6, nous amène à cette solution. Quelle est, en effet, l'hypothèse prévue par Celsus? Celle où un grand-père dote sa petite-fille pour que le père de cette dernière n'ait pas à le faire. C'est, en effet, ce qui résulte du passage suivant : *Quod pater meus, propter me filiæ meæ nomine dedit… Quod propter illum datum est.* Évidemment, le père a ici droit au retour de la dot, puisqu'elle a été donnée en son nom par l'aïeul dont il est le représentant.

Bien différent est le cas prévu à la loi 79, pr., D., *de Jure dot.*, 23. 3. On a dit que cette loi contenait une solution tout à fait opposée à la loi 6, alors que l'espèce prévue est bien différente. La loi 79 refuse le retour au père. Pourquoi ? Parce que l'aïeul donateur n'a songé nullement au père et n'a pas voulu le dégrever de l'obligation qui lui incombe de doter sa fille.

Il ne faut donc pas voir dans ces deux lois deux solutions opposées de la même question ; elles nous donnent deux solutions différentes parce qu'elles s'occupent de deux questions différentes.

Une autre question controversée est celle de savoir si le père avait droit, à Rome, au retour de la dot qu'il avait donnée à sa fille émancipée.

Oui, d'après nous. Le principal argument en faveur de notre théorie se trouve dans la loi 5, § 11, D., *de Jure dot.* : *Si pater pro filiâ emancipatâ dotem dederit, profectitiam nihilominus dotem esse nemini dubium est, quia non jus potestatis, sed parentis nomen dotem profectitiam facit.* Ce n'est pas le droit de puissance paternelle, mais bien le titre de père qui donne à la dot le caractère de profectice, nous dit la loi. Ce fragment est si clair, si précis que tous ceux qu'on pourrait citer après lui ne donneraient pas plus de force à notre théorie.

Néanmoins, nous pouvons tirer un autre argument des lois 7, D., *de Evictionibus*, 21. 2, et 10, D., *Soluto matri-*

monio, 24. 3. Dans la première, Paul accorde les actions *ex empto* ou *ex stipulatu* au père qui a constitué en dot à sa fille un fonds qu'il a acheté ; mais le mari a été ensuite évincé par le véritable propriétaire. Pourquoi le père qui n'est plus propriétaire des choses données pourra-t-il cependant user des actions *ex empto* ou *ex stipulatu ?* C'est parce qu'il a intérêt à voir sa fille conserver une dot qui lui reviendra peut-être plus tard.

C'est donc admettre que le droit du père est absolument indépendant de la *patria potestas* et qu'il n'y a pas lieu de distinguer si la fille est émancipée ou non.

Quant à la loi 10, D., *Soluto matr.*, elle décide que si une fille dotée par son père tombe en captivité pendant le mariage et y meurt, les choses doivent se passer, pour la restitution de la dot, comme si elle était morte *in matrimonio* : *Ut etiamsi*, dit Pomponius, *in potestate non fuerit patris, dos ab eo profecta reverti ad eum debeat.*

Ces termes, qu'on peut parfaitement interpréter en faveur de notre système, sont considérés par les partisans du système opposé comme contenant une exception en vertu de laquelle, grâce à la fiction de la loi Cornélia, le père a droit au retour de la dot profectice, malgré la perte de son droit de puissance. Mais que décide cette loi Cornélia ? Que la fille dotée est censée morte au moment où elle est réduite en captivité. Qu'est-ce à dire sinon qu'elle est morte *filiafamilias* et par conséquent *in matrimonio ?* C'est l'application parfaite de la règle posée par Ulpien, Frag., tit. VI, § 4 : *Mortua in matrimonio muliere, dos à patre profecta, ad patrem revertitur.*

Ce jurisconsulte nous donne dans la loi 5, D., *de Divort.*, 24. 2, un exemple qui prouve la vérité de notre théorie. Une fille émancipée a divorcé pour priver son père du droit éventuel à la restitution de sa dot et pour en faire profiter son mari, le retour au père ne devant plus avoir lieu puisque la fille n'est pas morte *in matrimonio*. Ulpien décide que le père aura droit au retour sur la dot de sa fille émancipée.

En résumé donc, pour nous, c'est le titre seul de père qui rend la dot profectice et non le droit de puissance paternelle : *Non jus potestatis, sed parentis nomen dotem profectitiam facit.*

A ces termes si clairs, qui au premier abord semblent écarter toute discussion, quels arguments a-t-on pu opposer ? En premier lieu, celui de la loi Cornélia, au sujet de la loi 10, D., *Solut. matr.*, que nous avons invoquée nous-mêmes ; nous avons repoussé plus haut l'interprétation qu'on a donnée à cette loi 10.

Mais deux autres objections nous sont faites. La première tirée de la loi 4, C., *Solut. matrim.* : *Dos à patre profecta, si in matrimonio decesserit mulier filiafamilias, ad patrem redire debet.* Qu'indique le mot *filiafamilias*, nous dit-on, si ce n'est que la fille dotée doit être sous la puissance du père pour que ce dernier ait droit au retour de la dot ? Nous répondrons qu'on ne peut tirer argument d'un cas spécial, à propos duquel ce rescrit d'Alexandre Sévère est intervenu. Dans l'hypothèse ainsi prévue, la femme mariée avait la qualité de *filiafamilias*, et on ne peut songer à faire une règle générale d'une espèce toute particulière.

La seconde objection est la loi unique, § 13, au Cod., *de Rei uxoriæ act.*, 5, 13, où Justinien refuse le droit de retour, sauf stipulation expresse, à tous les parents autres que le père ou les ascendants paternels *per virilem sexum*. *Extraneum autem intelligimus omnem, citrà parentem per virilem sexum ascendentem, et in potestate dotatam personam habentem.*

Cet argument est spécieux. Il ne nous serait pas opposé sans la confusion que font nos adversaires entre la répétition de la dot après le divorce ou la mort du mari, et le retour de la dot par suite du décès de la femme *in matrimonio.*

Cujas réfute cette objection d'une manière très nette, en quelques lignes que nous citons, car elles résument parfaitement toute la théorie dont nous sommes partisans : « Quand la fille meurt pendant le mariage, peu importe, en ce qui concerne la dot profectice, qu'elle soit ou non sous la puissance paternelle, car malgré son émancipation il a droit au retour de la dot profectice, si elle vient à mourir pendant le mariage, et cela bien qu'il n'ait pas stipulé que la dot lui serait rendue dans ce cas. »

Le père, le père adoptif, l'ascendant paternel *per virilem sexum*, ont donc droit au retour de la dot qu'ils ont constituée, et cela que la fille dotée soit ou non émancipée.

En est-il de même de la mère et des ascendants maternels ? Non ; la loi romaine n'a jamais admis que la mère, les ascendants maternels ou les aïeules paternelles puissent en profiter (*L. unica*, C., § 13, *de Rei uxoriæ act.*; Fr. Vatic., § 100). Cependant, dans notre ancien Droit, on s'est appuyé sur la loi 12, C., *Communia utriusque judicii*, 3. 38, pour étendre le retour à la mère, aux ascendants maternels et même aux frères et sœurs. Cette loi se termine par ces mots : *Ea igitur quæ in paterna persona diximus, obtinere volumus etiam in avo et proavo, paterno vel materno et in matre, et in avia et proavia paterna vel* materna. On a voulu en conclure que la mère et les ascendants maternels avaient droit au retour légal. Nous repoussons cette manière de voir, car la loi 12 ne s'occupe pas du retour légal proprement dit, puisqu'elle suppose l'enfant vivant; la fin du texte relative aux ascendants maternels ne vise qu'un cas de retour conventionnel.

En admettant que la loi 12 fournisse un argument à la théorie que nous combattons, on ne devrait y voir tout au plus qu'une réforme accomplie par Justinien dans cette constitution. Sa durée aurait été éphémère, car la Novelle 25 de l'empereur Léon exclut formellement du droit de retour toute personne autre que le père et l'aïeul paternel. Pour que ce droit compète à la mère et aux ascendants maternels, il faut que, comme les étrangers, ils aient stipulé la restitution de la dot : *Quod verò aut à matre, aut ab extraneo quopiam donatum filius habet, non item, nisi reverti debere ad donatores pacto complexi sint.* Ainsi, un père qui a fait une donation à sa fille, n'étant plus qu'un ascendant maternel pour ses petits-enfants, ne doit pas, à leur mort, avoir droit au retour.

Ceci nous prouve que la Novelle de l'empereur Léon a maintenu les anciens principes, au point de vue des personnes qui peuvent invoquer le retour légal.

3° *A quelles conditions est subordonné le droit de retour.*

Le droit de retour ne s'exerce que lorsque la femme meurt pendant le mariage. *Mortua in matrimonio muliere, dos à patre profecta ad patrem revertitur.* Telle est la règle générale posée par Ulpien (Frag., tit. VI, § 4). Le principe fondamental est donc que le mariage doit être dissous, mais dissous par la mort de la femme.

A l'époque du Droit classique, il ne peut être question de droit de retour, pour toute autre dot que la dot profectice. Le texte d'Ulpien nous montre bien que c'est de cette dernière seulement qu'il s'agit. Jusqu'à Justinien, le mari recueillait la dot adventice si la femme mourait *in matrimonio*, à moins de conventions contraires; mais Justinien, nous l'avons déjà vu, décida qu'une disposition expresse pourrait seule faire bénéficier le mari de cette dot adventice; désormais et dans tous les cas, la dot dut être restituée aux héritiers de la femme morte *in matrimonio*. (*Lex unica, C. de Rei uxor. Act.* § 6).

Pour que l'ascendant donateur ait droit au retour de la dot par lui constituée, il fallait que non seulement la fille fût morte avant lui, mais encore qu'elle fût décédée *in matrimonio*. Cette condition résulte clairement de la loi 4, D. *Solut. matr.*, **24. 3**, et du paragraphe 4 du titre VI des Règles d'Ulpien, cité plus haut.

Dans certains cas, cependant, quoique la femme ne soit pas morte *in matrimonio* et que le père n'eût pas dû avoir en principe le droit de réclamer la dot, ce dernier avait des actions utiles pour répéter la dot profectice. Par exemple, lorsque le mari, dans le but de garder la dot, répudiait sa femme gravement malade (Loi 59, D., *Solut. matr.*, **24. 3**), ou bien, hypothèse que nous avons déjà examinée, lorsque la femme, pour mettre une entrave au droit de retour de son père, provoquait le divorce dans le but d'assurer la dot à son mari (Loi 5, D. *de Divortiis*, **24. 2**). Les jurisconsultes romains, dans des cas semblables, décidaient, avec raison, que l'ascendant donateur injustement lésé devait reprendre les biens qu'il avait constitués en dot, et qu'un mari inhumain ou une fille ingrate avaient détournés de leur véritable but.

D'après ce qui précède, on voit que l'ascendant dona-teur doit survivre au donataire. Qu'arrivait-il s'il était prédécédé? Ses héritiers pouvaient-ils invoquer le droit de retour du *de cujus* et l'exercer à sa place? Non, en principe; car ce droit de retour est essentiellement atta-ché à sa personne. Cependant, si l'ascendant donateur avait, avant sa mort, intenté une action au mari, ou l'avait mis en demeure, les héritiers pouvaient continuer les poursuites et profiter par conséquent des avantages que le droit de retour assurait à leur auteur.

Il est à remarquer néanmoins que dans certains cas, où toutes les conditions se trouvent remplies, le père n'a pas droit au retour de la dot profectice; c'est ce qui arrive lorsqu'il a tué sa fille, ou bien quand il a subi une con-damnation entraînant la confiscation de ses biens (L. 8, §§ 4 et 9. D., *De bon. damn.*, 48. 20). Le droit de retour ne pouvait pas s'exercer si la fille était morte dans le même accident que son père ou l'ascendant donateur, car il était impossible de prouver quel était celui qui avait péri le premier. Enfin, si une dot a été constituée par une société de tous biens dont fait partie l'ascendant donateur, la dot, quoique profectice, ne fait pas retour à celui qui l'a constituée, mais à la société de tous biens (L. 81, D., 17. 2).

En résumé, pour que le droit de retour ait lieu, il faut: 1° que la dot soit profectice; 2° que l'ascendant donateur survive au donataire; 3° que la fille dotée soit morte *in matrimonio*.

Il nous reste, avant de terminer sur ce point, à exami-ner une controverse qui n'a aujourd'hui qu'un intérêt historique, mais qui a été célèbre aux quinzième et seizième siècles.

Suffit-il, pour le retour de la dot profectice, que la fille soit morte *in matrimonio*, ou à cette condition faut-il ajouter celle de l'inexistence d'enfants?

Les partisans du système d'après lequel l'existence d'enfants au moment de la dissolution du mariage faisait obstacle au retour s'appuient sur les lois 56, §§ 1 et 2, D., de *Jure dot.*, 23. 3, et 18, § 1, D. *Ut legatorum*, 36. 3.

Les paragraphes 1 et 2 de la loi 56 sont ainsi conçus : *Ibi dos esse debet, ubi onera matrimonii sunt*, § 1. *Post mortem patris, statim onera matrimonii filium sequuntur sicut liberi, sicut uxor*, § 2. De ces textes, les partisans du système que nous examinons concluent que, puisque la dot doit être là où sont les charges du mariage, le mari doit avoir les ressources nécessaires pour l'éducation et l'entretien de ses enfants. Il doit donc conserver la dot.

Mais, répondrons-nous, le législateur n'a-t-il pas prévu cette hypothèse assez fréquente où la femme meurt en laissant plusieurs enfants? Et dans quel but accorde-t-il au mari le droit d'exercer les *retentiones*, sinon pour compenser le surcroît des charges qu'il aura nécessairement?

La loi 18, § 1, *Ut legatorum* n'est pas, du reste, un argument bien fort. Pour nos adversaires, au contraire, elle confirme le raisonnement qu'ils fondent sur les §§ 1 et 2 de la loi 56. Voici l'hypothèse : Une femme ayant un enfant légitime a institué son père unique héritier, et l'a chargé par fidéicommis de remettre à sa mort tout ce qu'il aurait touché de sa succession à son fils à elle, testatrice; certains effets avaient été déposés chez le mari de cette femme. On se demande s'ils doivent être rendus au père ou si le mari les gardera ainsi que la dot.

Scævola répond qu'il faut rendre au père tout ce qui appartenait à sa fille sans faire partie de sa dot.

Mais, dirons-nous, où est la preuve que dans la loi 18 il s'agit d'une dot profectice? On peut, au contraire, très bien supposer que la décision de Scævola se réfère au cas d'une dot adventice.

Nous nous refusons donc à ajouter la condition de l'inexistence d'enfants à celles que nous avons énumérées plus haut, pour que le retour des donations à cause de noces ait lieu; car, à quoi bon accorder au mari le droit de retenir sur la dot qu'il restitue au père autant de cinquièmes qu'il y a d'enfants, si la présence de ces enfants fait complètement obstacle au droit de retour? Ulpien nous dit, en effet, au § 4, tit. VI de ses Règles : *Mortua in matrimonio muliere, dos a patre profecta ad patrem revertitur quintis in singulos liberos in infinitum relictis penes virum.*

4° Quelles choses font retour au père ou à l'ascendant donateur?

Une étude approfondie dépasserait de beaucoup les limites de ce travail; aussi nous bornerons-nous à indiquer les règles générales. Elles s'appliqueraient, du reste, aussi bien à la dot adventice qu'à la dot profectice. Nous verrons d'abord ce que le mari est obligé de restituer à l'ascendant donateur; ensuite, ce que dans certains cas la loi lui permet de garder.

Le principe fondamental est le suivant : Le mari, à la dissolution du mariage, doit restituer à l'ascendant donateur tout ce qu'il a effectivement reçu, et cette restitution doit s'opérer dans l'état où se trouvent les choses, c'est-à-dire avec leur accroissement ou leur diminution. Il

faut évidemment excepter les dons et présents d'usage.
On suppose, en effet, que l'ascendant, en faisant une
libéralité de cette espèce, a eu l'intention *ut conjugi utri-
que communiter acquireretur*.

Ici se présente une question intéressante. Le mari est-il
tenu de répondre de l'insolvabilité de celui qui a promis
une dot et qui ne l'a pas payée? Si c'est la femme qui a
ainsi manqué à la parole donnée, le cas ne laisse pas que
d'être très embarrassant et très délicat. Julien et Ulpien
étaient en désaccord sur ce point. Le premier, dans la
loi 30, § 1, D., *Sol. matr.*, 24. 3, s'en tenant à la logique
un peu rigoureuse du Droit, déclare le mari responsable.
Le second, dans la loi 33, D., *de Jure dot.*, 23. 3, s'ins-
pirant avec juste raison des circonstances dans lesquelles
cette promesse est intervenue, réfute l'opinion de Julien;
car, comment, dit-il, le juge pourrait-il écouter la femme
qui viendrait se plaindre de ce que son mari n'a pas
contraint son père, par des poursuites judiciaires, à payer
la dot promise? Bien différent est le cas où il s'agit d'un
tiers. Dans cette hypothèse, le mari est absolument responsable s'il n'a pas fait les poursuites nécessaires pour
obtenir le payement de la dot promise. Évidemment, si
la personne à qui la restitution est due est celle-là même
qui l'a promise ou son héritier, la responsabilité du mari
cesse, et il suffira, pour qu'il se libère, de décharger le
promettant de son obligation par une acceptilation (L. 41,
§ 4, D., *de Jure dot.*, 23. 3).

Nous avons dit plus haut que la chose constituée en
dot doit être restituée au père, en nature, dans l'état où
elle se trouve. Il en résulte que, si elle a augmenté ou
diminué de valeur, le père profitera de l'accroissement
ou supportera la diminution (L. 10, § 1, D., *de Jure dot.*,

23. 3). Nous trouvons au Digeste et au Code plusieurs applications de cette règle. Si un ascendant a donné une esclave en dot, le droit de retour lui fera obtenir l'esclave et le *partus* (Lex unica, C., § 9, *de Rei uxoriæ act.*, 5. 13). De même, si un legs a été fait à cette esclave, *non contemplatione mariti*, ce legs lui fera également retour (L. 10, § 1, D., *de Peculio*, 15. 1). Enfin, exemple plus frappant encore, si un ascendant a constitué en dot une nu-propriété et que plus tard l'usufruit vienne se joindre à cette nu-propriété pendant le mariage, l'ascendant pourra, si la femme est morte *in matrimonio*, réclamer la nu-propriété et l'usufruit qui s'y est réuni.

Le mode de restitution et les obligations qui incombent au mari diffèrent beaucoup, suivant que la dot consiste en corps certains ou en choses fongibles. Dans le premier cas, le mari doit la restitution des choses mêmes constituées en dot; mais il est libéré par la perte arrivée sans sa faute (L. 10, pr., et § 1, D., *de Jure dot.*, 23. 3). Dans le second cas, ou bien encore quand la dot consiste en argent, il doit restituer une égale quantité d'objets de même genre et de la même qualité; en outre, il n'est pas libéré par le cas fortuit (L. 42, D., *de Jure dot.*, 23. 3). Il en sera de même si la dot a été constituée avec une estimation. Cette estimation équivaut à une vente (L. 10, § 4, D., *de Jure dot.*, 23. 3). Les risques seront donc pour le mari, qui, à la dissolution du mariage, devra payer la valeur de l'estimation (L. 10, pr., *eod. tit.*); il sera donc débiteur d'une somme d'argent.

Le mari doit-il restituer les fruits de la dot? Oui, si la dot a été constituée avant le mariage ; car, entre cette époque et le mariage, le mari a perçu les fruits et n'a encore supporté aucune charge (L. 7, § 1, D., *de Jure dot.*, 23, 8). Mais si les fruits de la dot ne sont que la contre-partie des charges du mariage le mari n'est jamais tenu de les restituer.

Le principe fondamental formulé au début de ce paragraphe n'est cependant pas tout à fait absolu ; la théorie des *retentiones* vient y apporter une limite et, dans certaines circonstances, le droit de l'ascendant à la restitution, ne sera pas complet.

Nous n'étudierons pas en détail la théorie des diverses *retentiones*, qui à elle seule pourrait faire le sujet d'une thèse ; nous nous bornerons à en examiner rapidement les différents cas, en insistant davantage sur les plus importantes, les *retentiones propter liberos*, qui se rattachent directement à notre sujet.

Retentiones ex dote fiunt aut propter liberos, aut propter mores, aut propter impensas, aut propter res donatas, aut propter res amotas. Telles sont les hypothèses diverses de *retentiones* énumérées par Ulpien dans ses *Règles*, tit. VI, § 9.

Rétention *propter mores*. — Ce cas est assurément le plus curieux. Le mari, offensé gravement ou légèrement par sa femme trouve, après la dissolution du mariage, une compensation plus ou moins grande, suivant les cas, dans ce qu'il peut retenir, avant de restituer la dot à l'ascendant donateur. La femme a-t-elle porté une grave atteinte aux mœurs ? le mari a le droit de retenir un sixième de la dot. L'atteinte est-elle légère ? le mari retiendra un huitième seulement (Ulp., *Reg.*, tit. VI, §§ 12 et 13). Nous avons vu plus haut le motif sérieusement donné par un jurisconsulte, du retour de la dot. Il ne faut pas que le père supporte à la fois la douleur de

4

perdre sa fille et le chagrin de perdre son argent. La
rétention *propter mores* peut bien être mise en parallèle.
Il ne faut pas, pourrait-on dire, que le mari supporte
une atteinte aux mœurs de la part de sa femme; et si cela
arrivait, il faut au moins le consoler en lui accordant
une indemnité proportionnée à la gravité de la faute
commise. Touchant trait de mœurs dont la morale et la
dignité humaines sont totalement exclues! Hâtons-nous
de dire que cela a complètement disparu à partir de
Justinien.

Rétention *propter impensas*. — Celle-ci se comprend
mieux. Mais le mari ne pourra pas exercer toujours le
droit de rétention intégralement. Il y a, en effet, nous
dit Ulpien au § 14, *cod. tit.*, trois espèces d'impenses :
nécessaires, utiles, voluptuaires. Ces dernières ne donnent
nullement au mari le droit d'exercer la rétention. Quant
aux impenses nécessaires, le mari en retiendra le montant intégral ; et s'il a négligé de le faire au moment de
la restitution de la dot, il aura la *condictio indebiti* contre
l'ascendant donateur.

Pour les impenses utiles (et par là il faut entendre
celles qui, sans doute, n'ont pas conservé la dot, mais
néanmoins l'ont fait augmenter de valeur), le mari les
prélèvera intégralement si elles ont été faites avec le
consentement de la femme, ou même si, faites sans son
consentement, elles ont été modérées. C'est donc, dans ce
dernier cas, laissé à l'appréciation du juge.

Rétention *propter res donatas*. — Si le mari a fait une
donation à sa femme pendant le mariage et que cette
donation ne soit pas valable, il exercera le droit de rétention, jusqu'à concurrence des choses données qui ont disparu ou qui n'existent plus en nature.

Rétention *propter res amotas*. — Autre trait des mœurs romaines. Le mari, au cours du mariage, a été volé par sa femme. Il ne peut, vu la qualité de la coupable, intenter contre elle une action en justice. Il faut qu'il prenne patience et attende la dissolution du mariage. A ce moment, il pourra retenir sur la dot la valeur des objets détournés; le même droit est concédé à ses héritiers. Et, par mesure de précaution, pour ne pas encourager les femmes à voler leurs maris, la loi 5, D., *de Pact. dot.*, **23. 4**, prend soin de dire qu'on ne peut à l'avance convenir que cette *retentio* ne pourra s'exercer.

Rétention *propter liberos*. — Celle-ci est la plus importante et la plus rationnelle. En effet, si le père, à la dissolution du mariage, a des enfants à sa charge, il n'est que juste de lui donner les moyens de pourvoir à leur entretien et à leur éducation. Aussi, si l'ascendant donateur reprend la dot, il subira cependant une rétention d'un cinquième par enfant. *Dos a patre profecta ad patrem revertitur, quintis in singulos liberos in infinitum relictis penes virum* (Ulp., *Reg.*, tit. VI, § 4).

Mais quel est le sens de ces mots *in infinitum?* Plusieurs systèmes ont été présentés à ce sujet. Pour nous, cela signifie que la rétention s'opérera non pas autant qu'il y aura d'enfants, mais seulement jusqu'à épuisement de la dot, c'est-à-dire que le mari garde toute la dot s'il a au moins cinq enfants.

Cette interprétation si simple de la règle d'Ulpien n'est pas celle qui a été faite par Cujas et par Pothier. Aussi, malgré l'autorité de ces jurisconsultes, n'admettons-nous pas leur manière de voir; car le système du premier méconnaît absolument le sens de la règle d'Ulpien, et la théorie du second, ingénieuse sans doute, mais compliquée, n'a pas été, croyons-nous, dans la pensée du juris-consulte romain.

Cujas (*de Rei uxoriæ Act.*, t. IX, p. 468), se fondant sur l'impossibilité radicale qui s'oppose à ce qu'un mari retienne un cinquième de la dot pour chaque enfant, lors-qu'il y en a plus de cinq, et sur ce que pourtant la réduc-tion doit varier *in infinitum* avec le nombre des enfants, prétend que le cinquième dont il s'agit doit se calculer comme la quarte qui doit être laissée à chaque enfant, pour empêcher la *querela inofficiosi testamenti*. Ainsi, pour un enfant le mari gardera un cinquième de la dot, pour deux, deux fois un cinquième de la moitié ou deux dixièmes; pour trois enfants, trois fois un cinquième de un tiers ou trois quinzièmes, et ainsi de suite.

Mais ce système n'est pas admissible, et pour une raison bien simple, fondée sur un calcul élémentaire : les frac-tions ci-dessus, un cinquième, deux dixièmes, trois quin-zièmes sont toutes égales entre elles, et, en définitive, Cujas arrive à donner toujours au mari la même *retentio*, une *retentio* d'un cinquième de la dot, et cela quel que soit le nombre des enfants.

Selon Pothier (Pandectes, *Soluto matrim.*, t. I), le mari peut retenir pour le premier enfant un cinquième de la dot entière; pour le second, le cinquième de ce qui reste une fois la première rétention opérée, et ainsi de suite à l'infini.

Ce système a l'incontestable supériorité sur celui de Cujas, de ne pas être en contradiction avec la règle d'Ul-pien ; en outre, il permet d'opérer une *retentio* plus consi-dérable pour chaque nouvel enfant, quelque grand qu'en soit le nombre.

Néanmoins, avec la majorité des auteurs, l'opinion de

M. Pellat nous semble devoir être préférée (*Textes sur la dot*, p. 8). On peut ainsi la résumer : le mari retient autant de cinquièmes qu'il y a d'enfants, de telle sorte qu'il conserve la dot entière au cas où il y a cinq enfants ou plus [1].

Telles sont les règles de la première des libéralités faites par les ascendants que nous ayons à étudier : la dot profectice. Nous arrivons maintenant, avec le chapitre II, à l'étude de la donation *propter nuptias*. Cette institution a dû son origine aux mêmes causes que celle qui l'avait précédée depuis longtemps ; aussi serons-nous beaucoup plus brefs dans l'exposé des règles auxquelles elle est soumise. Auparavant, il nous paraît indispensable de parler dans un court Appendice du rapport de la dot profectice.

[1]. Toutes ces *retentiones* n'existent plus, comme nous l'avons dit, à partir de Justinien. La loi unique (§ 5, *C., de Rei uxoriæ, Act.* 5. 13), en contient la suppression et donne les motifs pour lesquels il paraît inutile de ne pas laisser le mari jouir encore de ce droit.

APPENDICE

Du rapport de la dot profectice.

A la mort de l'ascendant qui a constitué une dot profectice, il y a lieu au rapport des biens qu'il a ainsi donnés. Le rapport appelé en Droit romain *collatio bonorum* est une institution qui a pour but d'établir l'égalité entre plusieurs héritiers venant à une même succession, en obligeant ceux qui sont donataires du défunt à remettre dans la masse le montant de leur don. Le Droit prétorien admit les enfants émancipés à succéder conjointement avec les enfants restés en puissance; mais il les obligea à rapporter leurs biens aux *heredes sui*, pour être joints à la masse héréditaire. A la vérité, cette *collatio* était plutôt un apport qu'un rapport; car les biens acquis par l'émancipé n'étaient jamais sortis de la masse héréditaire.

Mais plus tard apparut le véritable rapport, quand l'émancipé dut remettre à la succession du *de cujus* certains dons qu'il en avait reçus (L. 17, C., 6. 20).

C'est le préteur qui, dans le but de maintenir l'égalité entre les héritiers siens, a établi la *collatio dotis*. Il eût été injuste, en effet, de ne pas obliger la fille dotée à la *collatio* de sa dot, alors qu'on forçait les émancipés à la *collatio* de leurs biens propres.

La fille dotée devait le rapport à ses frères et sœurs

restés en puissance. Les enfants émancipés y avaient-ils
droit ? Sans nul doute, oui pour la dot profectice ; certains même les admettaient à bénéficier du rapport de la
dot adventice. Mais l'empereur Gordien décida, dans la
loi 4, C., *de Collat.*, que la *collatio dotis* n'aurait plus lieu
en faveur des émancipés que sur la dot profectice seule.
C'était très juste, car la dot adventice n'a pas été constituée au détriment des émancipés. Les enfants restés en
puissance n'ayant rien acquis de leur propre chef avaient
droit à ce que l'égalité fût complète au jour du décès du
paterfamilias. Le rapport devait aussi être fait aux héritiers de celui à qui il était dû (L. 14, C., *de Collat.*).

Dans quels cas le rapport devait-il avoir lieu ?

Pour les donations simples, ordinaires, en principe le
rapport n'avait lieu qu'autant que le donateur l'avait
expressément ordonné : *simplex donatio non aliter con-
fortur, nisi hujusmodi legem donator tempore donationis suæ
indulgentiæ imposuerit*, et le descendant donataire put toujours s'affranchir de la nécessité du rapport, en renonçant à la succession du donateur; il n'était plus cohéri-
tier.

Justinien consacre dans la loi 20, § 1, C., 6. 20 le principe d'après lequel une donation *ordinaire* du père au
fils n'est rapportable qu'autant qu'elle y a été expressément assujettie.

Bien différentes sont les règles concernant la dot profectice. En principe, la *collatio dotis* avait lieu quand la
fille dotée venait à la succession, soit, d'après le droit
civil comme héritière *ab intestat*, soit par une possession
de biens (L. 3, D., 37. 7); la *collatio dotis* n'avait jamais
lieu lorsque la *sua* venait à la succession d'après le testament du père.

Cependant, à l'époque d'Antonin le Pieux, la fille restée en puissance, comme celle qui était émancipée, fut obligée de rapporter la dot, pour le fait seul de s'être immiscée dans les biens de la succession, qu'elle eût ou non demandé la possession de biens (L. 1, Pr. D., 37. 7).

Le père pouvait libérer sa fille de l'obligation de rapporter soit expressément, soit tacitement. Scævola le prouve dans la loi 39, § 1, D., *Fam. erciscundæ* 10. 2, où nous voyons que la fille recevant dans le testament une part moins forte que son frère est présumée dispensée du rapport de sa dot. C'est la conséquence de cette idée que la *collatio dotis* repose sur la volonté probable du père, et que son intention peut être de n'avoir voulu faire qu'un simple avancement d'hoirie.

En 467, l'empereur Léon prescrivit à la femme en puissance paternelle ou hors de puissance, dotée par un ascendant ou une ascendante, de rapporter sa dot en venant à la succession *ab intestat* de celui ou celle qui l'avait constituée (L. 17, C. 6. 20).

Plus tard, en 529, Justinien soumit au rapport même les donations simples faites à des enfants, lorsque d'autres enfants rapportaient leurs dots (L. 20, § 1, C., 6. 20).

Mais ce ne fut pas la principale réforme de la législation impériale. En l'an 536, dans la Novelle 18, chapitre VI, une grave dérogation fut apportée au principe, d'après lequel l'enfant appelé à la succession de son père, en vertu d'un testament, ne devait pas rapporter les dons entre-vifs, à moins que le testateur ne l'eût formellement ordonné (L. 1 et L. 7, C., *de Collat.*). Tandis qu'il existait une présomption favorable aux héritiers testamentaires qui avaient reçu des dons entre-vifs, à partir de Justinien, il fallut une disposition expresse qui les dispensât du rapport. La donation ne fut présumée qu'une simple avance sur la succession même testamentaire, et le rapport des dons, donations nuptiales et autres dut désormais être effectué par les héritiers testamentaires qui n'en avaient pas été expressément dispensés.

Nos sancimus, disait Justinien, *sive quispiam intestatus moriatur, sive testatus, omninò esse collationes et exinde æqualitatem, nisi expressim designaverit ipse se velle non fieri collationem*, et la loi 1 au *C. de Collat.* : *Ex testamento et ab intestato, cessat dotis et aliorum datorum collatio, ità demùm si parens hoc designavit expressim.*

Le rapport s'effectuait au moyen d'une *satisdatio* en nature ou en moins prenant. Mais pour que le rapport en nature fût possible, il fallait que la femme fût en possession de la dot, autrement dit, que le mariage fût dissous par le prédécès du mari ou le divorce, sinon elle rapportait en moins prenant : elle se trouvait ainsi dotée de ses biens personnels (L. 5, C., *de Collat.*).

Si la dot était promise sous condition, la femme donnait caution d'effectuer le rapport aussitôt qu'elle lui aurait été fournie (L. 1, § 8, D., *de Collat. dotis*, 37. 7); mais si la femme apportait du retard à l'exécution de sa promesse, elle en devait les intérêts, *arbitratu boni viri*, depuis l'époque où elle aurait dû rapporter.

Le rapport aboutissait à cette conséquence, que la dot profectice devait figurer dans l'estimation de la quarte légitime. Cette libéralité contribuait ainsi à entraver la « *querela inofficiosi testamenti* » au cas où le testateur aurait, d'une autre manière, fourni à ses enfants ou descendants cette quarte légitime que leur assurait la loi romaine.

CHAPITRE II.

De la donation *propter nuptias.*

Nous suivrons à peu près le même ordre que pour la dot profectice et nous diviserons ce chapitre en quatre paragraphes.

§ 1. — *Origine de la donation* propter nuptias.
§ 2. — *Caractères et constitution.*
§ 3. — *Conditions pendant le mariage des biens qui composent la donation* propter nuptias.
§ 4. — *Effets de la donation* propter nuptias *à la mort de celui qui l'a constituée et à la dissolution du mariage.*

§ 1. — *Origine de la donation* propter nuptias.

La donation *propter nuptias* était profondément inconnue aux jurisconsultes de l'époque classique.

En effet, elle ne fit son apparition, avec sa nature particulière et en tant qu'institution spéciale, qu'à l'époque du Bas-Empire, sous le règne de Théodose II et de Valentinien III, en 428 (L. 4, C., 5. 5. — L. 17, C. 5. 3.)

Elle s'appela d'abord *donatio antè nuptias* et prit sous Justinien le nom de *propter nuptias.* Nous verrons dans le § 2 les raisons de ce changement de dénomination, et si c'est à juste titre que cet empereur s'attribue le mérite de cette modification. Bornons-nous à dire pour le moment, que cette nouvelle espèce de donation est apportée par le mari seul comme contre-partie ou pendant de la dot que la femme lui apporte. Elle est vraiment la dot du mari, et la législation tend de plus en plus à l'assimiler, autant que la nature des choses le permet, à la dot elle-même.

Nombreuses ont été les controverses sur les origines de la donation à cause de noces. Sans nous y attarder outre mesure, il est cependant utile de mentionner trois opinions principales, de les réfuter brièvement, et d'en adopter une quatrième.

L'origine historique de la donation *propter nuptias* serait tout entière dans les mœurs germaniques. Les auteurs qui soutiennent cette opinion se fondent sur un passage de Tacite, *Mœurs des Germains*, ainsi conçu : *Dotem non uxor, sed uxori maritus offert.* Ce n'est pas la femme qui se constitue une dot, mais bien le mari qui en apporte une à sa future épouse.

Nous ferons remarquer qu'il est un peu téméraire de rechercher dans une phrase très courte d'un historien, même comme Tacite, l'origine d'une institution aussi importante que la donation *propter nuptias*; et en admettant qu'on s'y arrête, il est facile de répondre que Tacite ne prend pas ici le mot dot, dans le sens technique, juridique, où nous l'entendons. Il s'agit d'un achat, d'un prix, non d'une dot; le genre même de présents en est une preuve : *Munera.... boves ac frœnatum œquum, cum framea gladioque.*

Une seconde opinion que nous ne pouvons admettre, se fondant sur un passage des *Commentaires de César*, verrait l'origine de la *donatio propter nuptias* dans l'association conjugale usitée chez les Gaulois : *Viri quantas pecunias ab uxoribus dotis nomine acceperunt, tantas et suis bonis æstimatione factâ cum dotibus communicant.* Comme on le voit, apport égal des deux côtés. *Hujus omnis pecuniæ ratio habetur, fructusque servantur : uter eorum supererit ad eum pars utriusque cum fructibus superiorum temporum, pervenit.* Le survivant recueille la somme totale des apports et les intérêts capitalisés.

Mais comment expliquer alors que cet usage de la Gaule libre ait pu survivre à la conquête romaine? Les *Commentaires de César* seuls nous en découvrent la trace. Après l'invasion des Francs, le midi et le nord de la Gaule le délaissent entièrement. Pourquoi donc aurait-il disparu d'ici à jamais, tandis qu'il aurait prospéré ailleurs et anéanti complètement les principes du Droit romain?

M. Dareste, dans un article inséré dans le *Journal des Savants* (juin-juillet 1884) a émis une opinion nouvelle. Pour lui, l'origine de la donation *propter nuptias* serait dans la *khetouba juive*. La khetouba, dans la législation israélite, est la constitution d'une dot faite par le mari à la femme. Voici en quels termes s'exprime M. Dareste (p. 378) : « La *khetouba* elle-même ne resta pas étrangère aux mœurs romaines. Elle s'y introduisit par l'usage sous le nom de *donatio ante nuptias*; seulement, elle y fut considérée surtout comme un gain de survie, équivalent à la dot apportée par la femme, une sorte de contre-dot. »

Ce serait sous l'influence, d'une part, des communautés juives largement répandues dans tout l'Empire, d'autre part, du christianisme que la *khetouba* serait ainsi passée dans les lois romaines, sous le nom de *donatio antè nuptias.*

Cette manière de voir ne nous paraît pas fondée. Elle est ingénieuse sans doute, mais ne repose sur aucun fondement juridique qui puisse déterminer notre conviction dans ce sens.

Aussi nous paraît-il préférable d'adopter une quatrième opinion, qui considère la donation à cause de noces comme une institution vraiment romaine.

La donation *antè nuptias* ne vient ni de la Gaule, ni de la Germanie, ni de la *khetouba* juive; elle est le résultat du développement naturel des donations entre fiancés, de la *sponsalitia largitas.* A Rome, non seulement le fiancé pouvait donner quelque chose à sa fiancée avant le mariage, mais c'était même une sorte de coutume lors de la conclusion du mariage. Une fois les présents de noces reçus, la fiancée les remettait immédiatement à son futur époux pour lui tenir lieu de dot : *Multùm interest, si ea quæ donat vir futurus tradiderit uxori et postea in dotem acceperit.*

Les *sponsalitia* ou donations entre-vifs intervenues entre fiancés présentaient un caractère important : elles étaient irrévocables. Il en résultait que les *sponsalitia* procuraient un droit pur et simple au donataire (*Gord.*, l. 4, C., 5. 3). Elles échappaient aux prohibitions sur les donations entre époux (l.L. 5, 27, 32, § 22, D., 24. 1; — l. 8, C. 5. 3); les fiancés sont encore libres (l.L. 1, 4, 7, 10, 11, C., 5. 3).

Les précédents de la donation *propter nuptias* se trouvent dans le droit du Haut-Empire; cette institution se développa sous l'influence des mœurs nouvelles. Après avoir constaté que jusqu'au Bas-Empire la *sponsalitia largitas* n'avait aucune importance juridique, M. Esmein ajoute : « Le cadeau du fiancé répondant maintenant à un besoin véritable, changea de nature, devint une sérieuse et importante donation, et passa du domaine des mœurs dans celui du droit[1]. »

Nous trouvons la preuve de cette tranformation dans plusieurs Constitutions de Constantin. En 319, cet empereur décida que si l'un des époux faisait manquer le mariage la donation à lui faite pourrait être reprise. (C. 2, Cod. Th., 3. 5; — L. 15, C. 5. 3). Il décida aussi que si l'union était empêchée par la mort d'un des futurs la donation pourrait être reprise; mais si c'est le mari qui est donateur, et si le baiser des fiançailles (osculum) a été échangé entre les fiancés, la donation subsiste pour moitié au profit de la femme ou de ses héritiers (C. 5, C. Th. 3. 5; — L. 6, C. 3. 5; — L. 16, C. 5. 3).

Aussi M. Viollet a-t-il pu dire avec beaucoup de raison que, au Bas-Empire, « les fiançailles romaines ont pris un caractère tout nouveau; elles se sont fondues avec la donation que le mari faisait à sa femme avant le mariage, *donatio anté nuptias* : et soit cette donation, soit la dot constituée par le père à sa fille, est devenue une condition quasi-essentielle du mariage[2]. »

Cependant, quoique son origine ne soit pas étrangère, il faut reconnaître que la donation *propter nuptias* avait été précédée chez les peuples voisins d'institutions analogues. Dans l'Orient, par exemple, le mari apportait une dot à sa femme. Au début, c'était un prix d'achat : le mariage était alors un véritable contrat de vente; la femme l'objet de ce contrat; la dot, le prix. Mais sous

1. Esmein, *Mélanges de droit*, p. 61.
2. Viollet, *Précis de l'histoire du Dr. fr.*, p. 557.

l'influence bienfaisante du christianisme, ce prix d'achat se transforma en une dot honorable. Les évêques chrétiens firent grandir la femme en honneur et en dignité et la donation *propter nuptias* eut alors son véritable caractère. Enfin, si nous nous tournons du côté d'un peuple que les Romains ont souvent imité, nous voyons chez les Grecs l'institution de l'*hypobolon* ou donation avant le mariage que le mari faisait à la femme. A Athènes même, le mari devait donner à son épouse sur ses immeubles un gage pour sûreté de la dot.

Telle est l'origine entièrement romaine de l'*antè nuptias donatio*, et c'est à tort qu'on a voulu en chercher les traces dans des législations étrangères.

§ II. — *Caractères et modes de constitution de la donation propter nuptias.*

La donation *propter nuptias* peut être définie une donation entre-vifs faite par le futur mari, ou en son nom, et subordonnée à la condition du mariage. Au début, elle reçut le nom de *donatio antè nuptias.* (*Inst.*, livre II, t. VII, § 3).

Nous avons fait remarquer dans le précédent paragraphe, en démontrant l'origine toute romaine de l'*antè nuptias donatio*, que cette institution prit sous Justinien le nom de *propter nuptias donatio;* c'est le nom que nous lui conserverons désormais au cours de cette étude.

En effet, à l'*antè nuptias donatio* qu'ils avaient trouvé établie, Justin, et Justinien d'une manière plus complète encore, apportèrent des modifications considérables. Ces

réformes sont exposées aux *Institutes*, t. VII, l. II, § 3;
de Donationibus, et au Code, L. 20, 5. 3.

Justinien permet au mari et à toute personne en son
nom de constituer la *donatio antè nuptias* même après le
mariage, alors que son prédécesseur et père adoptif Justin
avait seulement permis d'augmenter avant le mariage
une *donatio propter nuptias* faite au moment du mariage.
Observons, en passant, que Justinien s'attribue par erreur
le mérite de cette innovation ; car l'empereur Justin, dans
la C. 19 *de Don. antè nuptias*, au Code 5. 3, avait antérieurement autorisé le mari à constituer la *donatio propter nuptias* pendant le mariage.

Enfin, pour mettre en harmonie les choses et les mots
qui servent à les désigner, l'empereur décida, comme
nous l'avons dit, que la *donatio antè nuptias* s'appelle-
rait désormais *donatio propter nuptias*.

Justinien a transformé complétement le caractère de
cette institution.

Désormais, la femme survivante n'eut plus, *ipso jure*,
droit à la donation *propter nuptias*. (Nov. 22, chap. XX ;
Nov. 20, de Léon). Une convention formelle fut désormais nécessaire. La donation *propter nuptias* représentait la part contributoire du mari dans les charges du
ménage, absolument comme la dot représentait la part
contributoire de la femme. Alors a lieu l'égalité des charges entre époux, et la femme n'est pas seule à les supporter à raison de la dot qu'elle se constitue.

Aussi, pour que le mari participe réellement aux charges du ménage, Justinien édicte plusieurs dispositions
rigoureuses :

1° Il prescrit l'égalité numérique dans les apports des

époux, égalité de la dot et de la *donatio propter nuptias* (Nov. 97, ch. 1).

2° Il interdit d'augmenter l'un des apports pendant le mariage si l'autre n'est augmenté en même temps et pour la même quantité (Nov. 97, ch. 11). Mais cette disposition, peu pratique à cause de l'inégalité des fortunes, fut supprimée plus tard par Léon le Philosophe.

Justinien accorda aussi à la femme plus de garanties pour la restitution de sa dot et un certain contrôle pendant le mariage. Nous étudierons ces innovations dans les paragraphes suivants.

Les biens compris dans la donation *propter nuptias* sont destinés à être affectés aux charges du mariage.

Mais cette libéralité était soumise à des règles spéciales qu'il faut maintenant mettre en lumière.

Justinien, aux *Institutes*, liv. II, t. VII, § 3, nous dit que la donation *propter nuptias* est une donation entre-vifs, mais soumise à une condition tacite : celle de ne devenir définitive que par la réalisation du mariage. *Est et aliud genus inter vivos donationum... quod antè nuptias vocabatur et tacitam in se conditionem habebit ut tunc ratum esset, quum matrimonium fuerit insecutum.*

La donation *propter nuptias* était irrévocable. Tel était le principe. Le législateur nous montre plusieurs fois la faveur qu'il accordait à cette sorte de libéralité, dont les heureux résultats auraient été loin de se faire sentir, si l'ascendant donateur avait pu les faire évanouir, soit par pur caprice, soit par des motifs fondés en apparence. Aussi fut-il décidé que le changement d'intention ne serait pas considéré comme cause suffisante de révocation.

C'est ce que contient la loi 3, C. VIII, 55 : « Votre mère n'a pas pu aliéner la possession qu'elle vous avait donnée depuis votre émancipation, par la seule raison qu'elle s'est repentie de vous l'avoir donnée. »

Une raison qui, au premier abord, peut paraître bonne, ne peut néanmoins avoir assez de force pour faire tomber la donation. En effet, dit la Loi 6, *eod tit.* : « Vous étiez, dans l'origine, la maîtresse de donner ou de ne pas donner à votre fils votre maison et vos esclaves; vous ne pouvez donc pas demander la révocation de la donation que vous lui avez faite, sous prétexte de l'absence de votre mari et de vos enfants, parce que la validité de cette donation ne dépend pas de leur présence. »

Le donateur pourrait encore bien moins prétexter qu'il a donné pour frustrer quelqu'un.

Quels sont donc les cas où un ascendant pourra demander et obtenir la révocation de la donation par lui constituée ?

Les donations étaient révocables, même par le droit des Pandectes, dans le cas d'ingratitude du donataire envers le donateur.

Deux Constitutions, qui figurent à la fois au Code Théodosien (L. 1, § 6, VIII, 13) et au Code de Justinien (L. 7 et 9, *de Revoc. Donat.* 8, 56), disposèrent, la première, que le père ou la mère pourrait révoquer la donation faite à l'un de ses enfants si le donataire se rendait coupable d'ingratitude envers le donateur. La mère, il est vrai, n'avait ce droit que si elle ne s'était pas remariée, et si elle avait des mœurs honnêtes.

La seconde Constitution étendit le droit de révocation pour la même cause à tous les ascendants. Mais, aucune de ces lois ne précisant quels faits pouvaient motiver l'ingratitude, les causes en étaient laissées à l'appréciation du juge.

Justinien, en l'année 530, élargit quant aux personnes et limita quant aux causes le droit de révocation. Ce droit fut accordé non seulement aux ascendants, mais encore à tout donateur.

L'empereur rapporte ainsi les causes d'ingratitude pour laquelle une donation était révoquée :

« Nous voulons, en général, que toutes les donations légalement faites soient inattaquables, si le donataire ne se montre pas ingrat envers le donateur, en se rendant à son égard coupable d'injures atroces, en portant sur lui une main criminelle, en pratiquant des moyens de faire crouler un édifice dont la chute peut lui causer une perte sensible, en le mettant en danger de perdre la vie, ou bien, en ne voulant pas remplir les obligations qui lui sont imposées, soit par l'acte de donation, soit par des conventions postérieures » (L. fin., Cod. VIII, 56).

Mais une donation n'était révocable pour toutes ces causes « qu'autant que le demandeur les avait bien prouvées en justice. »

La loi 9, Code VIII, 56, nous montre que c'est ce qui avait lieu par rapport aux donations en faveur des enfants ; en effet :

« Un père, un aïeul ou un bisaïeul ne peuvent pas révoquer les donations qu'ils ont faites en faveur de leur fils ou de leur fille, de leur petit-fils ou petite fille, arrière-petit-fils ou arrière-petite-fille, à moins qu'ils n'aient apporté des preuves manifestes de leur ingratitude, en manquant à la piété filiale, de quelqu'une des manières exprimées dans la loi. »

Mentionnons, en terminant sur ce point, la décision de Constantin et Constantius, contenue dans la Loi 7, au Code, *eod. tit.* : désormais, le droit de révoquer une donation ne s'étendit pas à ce que le donataire avait vendu avant la contestation ; en outre, l'héritier du donateur ne put pas s'en prévaloir, et il fut interdit de l'invoquer contre l'héritier du donataire[1].

La donation *propter nuptias* pouvait consister *dando, o bligando, liberando,* expressions dont le sens et la portée nous sont connus, puisque nous avons eu occasion de nous expliquer à ce sujet à propos de la dot profectice ; du reste, cette donation s'exécutait selon les modes de droit commun. Mais il y a lieu de se demander si en cas de *datio* la femme devenait propriétaire. Cette question trouvera sa place naturelle dans le paragraphe suivant.

En résumé, nous pouvons dire que la donation *propter nuptias* présente les caractères suivants :
1° Elle est une donation entre-vifs ; 2° elle est subordonnée à la condition tacite de la réalisation du mariage ; 3° elle peut consister *dando, obligando, liberando,* et peut s'exécuter par les modes du droit commun.

Nous pouvons nous demander maintenant de qui elle peut émaner, quelles sont les personnes qui peuvent constituer une donation *propter nuptias.*

La donation *propter nuptias* peut être constituée soit par le mari lui-même, soit par les personnes sous la puissance desquelles il se trouve, soit par un tiers.

De ces trois hypothèses, la deuxième est celle à laquelle nous devons spécialement nous attacher ; elle résulte du

1. Notons que la donation *antè nuptias* devait être enregistrée à peine de nullité. Bientôt ce ne fut plus nécessaire que si elle était supérieure à 200 solidi (C. 43 C., Th., 3, 5). Enfin, en 539, Justinien n'exigea plus l'insinuation que si la donation était supérieure à 500 solidi.

reste de la nature même des choses, et est formellement prévue au Code, loi 7, § 11.

Cette loi part du principe suivant : le père de famille doit fournir la donation, et ce qui le prouve, c'est le mode d'imputation de la donation, lorsque le fils a des biens personnels.

Le père a-t il constitué purement et simplement une donation à cause de noces? elle sera tout entière acquittée sur les biens personnels du père. Au contraire, a-t-il déclaré constituer la donation, tant de ses propres biens et des sommes qui lui sont dues, que des biens maternels du futur et autres, dont le père n'a pas acquis la propriété? dans ce dernier cas, il faut distinguer : si le père est riche, il fournira la donation tout entière; s'il est pauvre, la donation se trouvera constituée sur les biens qui appartenaient à l'époux antérieurement.

Mais dans la Novelle XXI, Léon le Philosophe modifia ces règles d'imputation. Il consacra un principe d'après lequel la donation à cause des noces est mise strictement à la charge de celui qui l'a promise. Le père et le fils fourniront la moitié de la donation, s'ils ont concouru tous les deux à l'acte sans qu'il y ait eu assignation de parts; s'il y a eu assignation de parts, on s'en tiendra à la règle volontairement établie. Evidemment, si le père ou le fils séparément ont seuls concouru à la donation, ils seront seuls à la fournir.

Des règles précédentes et surtout de la Loi 7, C., § 11, il semble que l'interprète soit en droit de conclure à l'obligation stricte pour le père de famille de fournir la donation *propter nuptias* à son fils. En effet, quoique nous n'ayons pas de texte aussi précis que les lois Julia et Papia Poppea imposant aux parents l'obligation de doter leurs filles, néanmoins tout nous autorise à penser que les convenances et un long usage établi poussaient le *paterfamilias* à constituer une donation *propter nuptias* à son fils.

Quelque pauvre que fût un père de famille, il se serait cru déshonoré s'il n'eût doté sa fille.

Plaute, dans son *Trinummus* (acte III, sc. 1, v. 11 et sc. 11, v. 63), nous dit :

Flagitium quidem hercle fiet nisi dos dabitur virgini,

. . . .

Sed ut inops infamis ne sim; ne mihi hanc famam differant
Me germanam meam sororem in concubinatum tibi
Sic sine dote dedisse, magis quàm in matrimonium.

L'assimilation entre la dot et la donation *propter nuptias*, qu'on a déjà pu constater, mais qui ressortira plus clairement encore dans le Chapitre III, ne nous permet-elle pas de conclure que les parents étaient obligés de consentir une donation *propter nuptias* à leurs fils dans les cas où ils auraient été obligés de doter leurs filles ?

Du reste, les lois 28, C. 1. 4 et 25, C. 5. 4, viennent à l'appui de ce que nous avançons : elles décident, en effet, que les curateurs, dans le cas où le père du mari était aliéné, pouvaient très bien prendre sur ses biens une somme suffisante pour constituer une donation au fils comme une dot à la fille du *demens* ou *furiosus*.

C'est avec raison qu'on a vu dans l'évolution du Droit romain, au sujet de la *donatio propter nuptias*, un acheminement vers notre régime de communauté; et si, laissant pour un instant l'étude profane et peut-être un peu terre à terre qu'on est obligé de faire, on envisage le sujet de haut, on est bien forcé de reconnaître que le mariage a gagné

en dignité et en honneur depuis que la *donatio propter
nuptias* a été consacrée par les lois. Ce n'est plus le prix
d'achat de la femme que le mari apporte, c'est le moyen
de parer aux éventualités d'une vie commune qu'aucun
des époux ne connaît encore, et de jeter les bases d'une
fortune que leur travail et leurs continuels efforts aug-
menteront sans cesse.

Cette idée ressortira plus clairement encore quand nous
aurons fait l'étude de la condition, pendant le mariage, des
biens qui composent la donation *propter nuptias*, étude à
laquelle nous arrivons maintenant.

§ 3. — *Condition pendant le mariage des biens composant
la donation* propter nuptias.

Parlons d'abord des droits du mari sur ces biens.

Le mari qui apporte à la femme la donation *propter nuptias* pour subvenir aux charges du mariage conserve, sur
les biens dont se compose cette donation, des droits fort
importants : il en a l'administration et la jouissance. C'est
avec juste raison que ces droits lui ont été accordés ; le
mari étant le chef du ménage, doit avoir entre ses mains
tous les moyens pour tirer le meilleur parti de la fortune
commune.

Le mari n'avait pas d'hypothèque légale pour assurer
la reprise de la donation que ses parents lui ont faite. En
effet, à quoi lui servirait une action pour réclamer ce
qu'il détient régulièrement entre ses mains?

En 537, Justinien défendit d'aliéner et d'hypothéquer
les biens immeubles composant la donation *propter nuptias*. Le chapitre 1er de la Novelle 61 porte en effet : *Ut*

immobilia propter nuptias donationis neque hypothecæ dentur, neque omnino alienentur.

Quels étaient les droits de la femme?

De ce que le mari gardait l'administration et la jouissance des biens à lui donnés, on pourrait conclure qu'il en conservait aussi la propriété. Mais alors on peut se demander ce que deviendrait cette donation *propter nuptias*, si le mari en conservait la pleine propriété. Ne serait-elle pas tout à fait illusoire? Au surplus, les textes nous prouvent que la constitution de donation à cause de noces transfère à la femme la propriété de la chose donnée. C'est une véritable donation du mari à la femme ou de ceux qui constituent la donation en son nom. *Si quid,* dit la loi 31, § 1, C. 5. 12... *antè nuptias donationem nuptura mulieris dederit.* Ce mot *dare* a un sens tout à fait technique et signifie essentiellement transférer la propriété. C'est ainsi que nous le voyons employé à plusieurs reprises différentes dans les lois 2 et 7 au Code, sous le titre III : *De donationibus antè nuptias vel propter nuptias et sponsalitiis.*

Outre la nécessité de l'insinuation, nous trouvons une autre preuve dans la *rei vindicatio* que Justinien accorde à la femme (L. 20, *in medio,* C. 5. 3) : *Permissa est et in rem actio, pro tali donatione mulieri adversus omnes possessores.* Or, la *rei vindicatio* n'est-elle pas le caractère indéniable du droit de propriété?

Enfin, un dernier argument vient à l'appui de cette théorie. Une Novelle de Valentinien prévoit le cas où le mari ou la femme, en prédécédant, laissent leur père et leur mère ou l'un d'eux (Co 1. Théod., liv. III, chap. xii). En pareil cas, le mari survivant ou la femme survivante ne gagneront plus que la moitié de la dot ou de la donation à cause de noces. Puisque le législateur juge à propos de réduire le gain de la femme, c'est bien qu'elle acquérait définitivement la donation à cause de noces par le prédécès de son époux.

Les conséquences du droit de propriété ainsi reconnu à la femme sur la donation *propter nuptias* se manifestent surtout à la dissolution du mariage.

Justinien, dans la C. 29, l. 5, 12, a accordé à la femme le droit de prendre l'administration des biens composant la donation *propter nuptias* lorsque le mari met la dot en péril : *Donationem quoque propter nuptias in hoc casu constante matrimonio vindicare potest.* Les revenus peuvent ainsi être affectés aux besoins du ménage : *Fructibus earum ad sustentationem, tam sui quam mariti, filiorumque, si quos habet, abutatur.*

§ 4. — *Restitution de la donation* propter nuptias.

Que devenait la donation *propter nuptias* à la dissolution du mariage ?

Nous avons vu l'importante institution du retour légal de la dot profectice à l'ascendant donateur ; les mêmes raisons existaient pour que la donation à cause de noces retournât à celui qui l'avait constituée. Cependant, à l'époque où s'établit cette institution, la jurisprudence attribuait de plein droit au mari survivant le gain de la dot ; aussi le gain de la donation à cause de noces fut-il pour la femme un juste équivalent.

Mais en l'an 428, une Constitution des empereurs Théodose et Valentinien (L. 2, C., *de Bonis quæ liberis*, 6. 61) étendit le droit de retour à la donation *propter nuptias* faite par l'ascendant paternel à son descendant. Valentinien (Nov. Valent., 12) réduisit le gain de la donation à cause de noces à la moitié, dans le cas où le mari prédécédé laisserait ses père et mère, et réciproquement, il réduisit dans le cas semblable le gain de la dot par le mari survivant.

En principe, à défaut de gains de survie, la donation à cause de noces retournait à l'ascendant du mari. Léon le Philosophe nous le dit formellement : *Etenim vetustiores leges... ut altero vitâ defuncto quum liberi nulli superessent, nec pactum in quo quippiam de lucro significaretur, subesset, ex æquo ad utrumque sua reverterentur, constituerunt* (Nov. Léon., 20).

Le monument le plus important qui nous soit resté sur le droit de retour est la Novelle 25 de cet empereur Léon. Elle est du neuvième siècle; elle est le complément de la réforme introduite par les empereurs Théodose et Valentinien. Nous y voyons le droit de retour établi dans le dernier état du Droit romain à peu près dans les cas où il existe aujourd'hui.

L'empereur Léon ne prétend pas innover; il déclare ne faire que remettre en vigueur les lois anciennes sur les effets de l'émancipation. *De emancipatione et dotis restitutione*, tel est le titre de la Novelle 25, entièrement étranger au sujet qui y est traité et qui en somme est le retour des libéralités à l'ascendant donateur.

Nous n'entrerons pas ici dans des discussions oiseuses, sur le point de savoir quelles sont les anciennes lois que l'empereur Léon a voulu remettre en vigueur; il n'y a, en effet, que des conjectures et pas de documents sérieux. Bornons-nous à dire que la Novelle 25, en parlant des lois anciennes, n'entend pas se référer à des Constitutions

qui auraient étendu le droit de retour à toutes les donations et que Justinien n'aurait pas voulu maintenir en
vigueur. Pour nous, les anciennes lois dont parle l'empereur Léon n'étaient pas relatives au droit de retour ; nous
croyons que pour justifier ses décisions, il a voulu seulement s'appuyer sur l'ancien Droit, qui faisait acquérir au
paterfamilias tous les biens du fils de famille.

Indiquons rapidement les décisions contenues dans la
Novelle 25. Bien que l'empereur Léon se défende de toute
innovation, on peut remarquer que sur certains points il
s'est écarté des *vetustiores leges*. Ainsi, tandis que dans le
Droit de Justinien le retour de la dot se produit, selon·
nous, malgré l'émancipation, d'après la Novelle 25 le
retour n'a lieu que si le donataire est encore en puissance. S'il a été émancipé lors de la donation, un pacte
est nécessaire pour assurer le droit de retour au père
donateur.

Une autre innovation, plus heureuse celle-là, n'accorde
le droit de retour que si le donataire est mort sans laisser
d'enfants. On présume, en effet, que l'ascendant donateur,
en gratifiant son fils, a voulu faire profiter ses petits-fils
de cette libéralité.

On s'est demandé si l'ascendant donateur pouvait exercer le droit de retour, lorsque le donataire ayant eu des
enfants, ces derniers étaient prédécédés.

Cette question ne pouvait évidemment pas se poser
avant la Novelle 25, puisque, malgré l'existence d'enfants
issus du mariage, le père pouvait exiger la restitution de
la dot. D'après nous, quoiqu'aucun texte postérieur à la
Novelle 25 ne nous permette de donner une solution sur
ce point, il est à croire que l'ascendant donateur paternel
doit pouvoir exercer le droit de retour après le décès des

enfants du donataire. En effet, en faisant sa libéralité, le donateur a eu en vue le donataire et sa postérité ; on peut donc dire que c'est comme s'il avait donné à ses petits-enfants, cas où il a certainement le droit d'exercer à leur décès le retour légal.

Disons enfin que la Novelle 25 a étendu le droit de retour à toutes les donations, sans distinguer entre les dots ou donations *propter nuptias* et les donations simples.

La Novelle 25 est le dernier monument du droit à la fois romain et byzantin que nous ayons à citer; car après l'empereur Léon commence la barbarie du moyen âge. On peut donc dire que dans le dernier état du Droit romain, comme dans notre Code civil, le droit de retour est ouvert pour toutes les donations, et est subordonné au prédécès du donataire sans postérité.

Il est intéressant de se demander maintenant ce que devient la donation *propter nuptias* lorsque le mariage est dissous par le divorce.

La femme s'obligeait à restituer éventuellement la dot si le divorce était amené par sa faute. Une Constitution rendue en 449 par les empereurs Théodose II et Valentinien III (C. 8, §§ 4 et 5. C. 5, 17) lui faisait perdre le gain de la donation *propter nuptias* et lui interdisait même de se marier si elle avait été répudiée pour un juste motif : *Mulier si contempta lege repudium mittendum esse tentaverit, suam dotem, et antè nuptias donationem amittat, nec intrà quinquennium nubendi habeat denuo potestatem : æquum est enim eam interim carere connubio quo se monstravit indignam.*

La femme, au contraire, gagne la donation *propter nuptias* si le divorce a eu lieu par la faute du mari; dans ce

cas elle peut se remarier au bout d'un an : *Si vero cau-
sam probaverit intentatam*, dit la même Constitution, *tunc
eam et dotem recuperare, et antè nuptias donationem lucro
habere, aut legibus vindicare censemus, et nubendi post annum
(ne quid de prole dubitet) permittimus facultatem*. Mais la
femme devait conserver aux enfants issus du mariage
tout le gain qu'elle retirait ainsi de la donation *propter
nuptias*.

Nous n'insisterons pas sur les conséquences des secondes
noces. La législation du Bas-Empire est sur ce point très
confuse et très compliquée. Il y a bien des hésitations et
des tâtonnements, car on cherche à concilier les intérêts
d'un époux et ceux des enfants que la possibilité d'un
second mariage peut gravement compromettre. On peut
cependant dégager une idée générale et apercevoir le but
que se propose le législateur : il veut conserver aux enfants du premier lit le bénéfice de la donation à cause de
noces gagnée par leur père ou leur mère remariés ; et
toutes les constitutions qui traitent de ce sujet confondent
dans les mêmes dispositions la dot et la donation à cause
de noces (Code, liv. V, tit. 9).

Dans la Novelle 98 (ch. 1), Justinien réduisit les gains
nuptiaux à un simple usufruit, en décidant que lorsqu'il
y aurait des enfants issus du mariage, le père ou la mère
non remariés devraient leur conserver les gains qu'ils
auraient recueillis sur la dot ou la donation à cause de
noces.

Ces gains nuptiaux, expressément convenus au moment
de la constitution de la donation, représentent tous les
droits de la femme dans le dernier état de la législation.
Et lorsque le mariage est dissous, sans motifs légitimes,
par le divorce du mari, comment la femme, qui alors ga-

gne la *donatio propter nuptias*, fera t-elle valoir ses droits?
Il n'y a pas de difficulté pour la dot : le mari en est devenu sans doute propriétaire, sinon rationnellement, du
moins légalement (L. 30, C., 5. 12). Aussi Justinien
donne-t-il à la femme, pour reprendre sa dot, l'action *ex
stipulatu*.

Quant à la donation à cause de noces, elle est, d'après
nous, devenue la propriété de la femme, et cette propriété
est sanctionnée par la *rei vindicatio*. En vain ceux qui re-
fusent à la femme un droit de propriété disent-ils que les
textes se sont servis de termes impropres et que le mot
vindicare est employé dans le sens général de réclamer, et
non dans le sens technique, revendiquer. Ceci est inadmissible, et nous prétendons que la femme a plus qu'une *condictio ex stipulatu*, comme les partisans du système opposé
se bornent à lui accorder. Elle a bien un droit de propriété sur la donation *propter nuptias* tout entière, seulement cette propriété est résolue quant à l'ensemble de la
donation, maintenue au contraire et sanctionnée par la
rei vindicatio quant aux objets qui, dans la donation, sont
affectés à des gains nuptiaux.

Cette propriété de la donation à cause de noces, en quelque sorte théorique, que la femme acquiert dès l'époque
de sa constitution, devient effective et définitive par la
dissolution du mariage, mais seulement sur les gains
nuptiaux compris dans la donation, et, pour être mise en
possession, elle a la *rei vindicatio* contre tout possesseur.

Rien n'empêche du reste de concevoir au profit de la
femme une *condictio ex stipulatu*, s'il y a eu réellement
stipulation de gains de survie, ou une *condictio ex lege* à
défaut de stipulation; car cette *condictio ex lege* existe
pour tous les droits nouveaux introduits par la loi, sans

être munis d'une sanction spéciale. Mais cette *condictio* est moins favorable que la *rei vindicatio*, car elle ne peut être opposée aux tiers possesseurs.

APPENDICE.

Du rapport de la donation *propter nuptias.*

À la mort de l'ascendant donateur, la donation *propter nuptias* doit être rapportée; elle doit être remise dans la succession à laquelle est appelé le donataire gratifié.

Le but qui avait inspiré le rapport de la dot profectice restait le même, lorsque la donation *propter nuptias* fut introduite dans les mœurs romaines; aussi avons-nous très peu à dire sur ce point. Les règles qui s'appliquaient à la dot profectice doivent s'appliquer à la donation *propter nuptias.* En effet, la mesure prise par l'empereur Léon en 467 fut la même pour ces deux sortes de libéralités, comme le prouve la Loi 17, C. 6. 20 : ..... *Tam dos, quam antè nuptias donatio conferatur, quam pater, vel mater, avus, vel avia, proavus, vel proavia, paternus, vel maternus dederit, vel promiserit pro filio, vel filia, nepote, vel nepte, pronepote, vel pronepte, nulla discretione intercedente, utrum in ipsas sponsas pro liberis suis memorati parentes donationem contulerint, an in ipsos sponsos earum, ut per eos eadem in sponsas donatio celebretur.*

D'après ce texte, la donation à cause de noces doit donc être rapportée à la succession de celui qui l'a constituée, et il n'y a pas lieu de distinguer si elle a été faite direc-

tement par le père ou l'ascendant, à la femme de son descendant, ou bien s'il a fait lui-même une donation pure
et simple à son descendant, donation que celui-ci aurait
immédiatement transformée au profit de sa femme en donation à cause de noces. C'est, en effet, une pure question
de formes, au fond le résultat est le même.

La dot profectice et la donation *propter nuptias* nous
sont maintenant connues. Il était indispensable d'étudier
en détail chacune de ces institutions avant de pouvoir les
comparer. Leurs points de contact sont nombreux. Nous
allons essayer, dans le Chapitre suivant, de les mettre en
lumière, en évitant autant que possible de nous répéter.

CHAPITRE III.

Comparaison de la dot profectice et de la donation *propter nuptias*.

La donation à causes de noces, de la part du mari, se lie intimement à la dot de la part de la femme.

La dot est d'abord considérée comme le prix d'achat de la femme ; mais à mesure que la civilisation progresse, elle prend son véritable caractère, et elle représente la part contributoire de la femme aux dépenses du ménage. Puis, peu à peu, à côté de cette vieille institution de la dot, s'établit la *donatio propter nuptias*, faite au mari par son père ou ses ascendants. Elle calque ses règles sur celles de la dot, si bien que les jurisconsultes l'ont appelée *contre-partie de la dot*.

Comment en serait-il autrement, puisque les donateurs, aussi bien du côté de la femme que du côté du mari, ceux qui ont constitué la dot comme ceux qui ont constitué la donation *propter nuptias*, ont été guidés par les mêmes sentiments, mus par les mêmes désirs, et aspiraient au même but ?

En effet, la dot apportée par la femme et la *donatio propter nuptias* apportée par le mari remplissent respectivement une fonction analogue.

Toutes deux peuvent s'appeler donation, toutes deux

peuvent s'appeler dot. La donation *propter nuptias* est véritablement la dot du mari, c'est-à-dire la part qu'il apporte de son côté pour subvenir aux charges du mariage.

Aussi Cujas (*Comm.* in lib. III, t. V, Cod.) a-t-il pu en donner les définitions suivantes :

Donatio propter nuptias est magis æquamentùm dotis, sive amussis, sive αντιζερνα, id est contraria dos, quodve contrà dotem offertur, quam mera donatio.

On peut donc dire que le caractère essentiel de la donation *propter nuptias*, par rapport à la dot profective, est d'être la contre-partie de celle-ci et non une donation simple. *Quasi antipherna hæc possunt intelligi, et non simplex donatio.* Il est donc essentiel de bien retenir, que la donation *propter nuptias* suppose nécessairement l'existence d'une dot.

En qualifiant de *antipherna* ou contre-dot la donation *propter nuptias*, la loi 20, C. 5. 3, nous prouve que ces deux sortes de libéralités étaient destinées à jouer le même rôle dans la société conjugale. La phrase suivante, contenue aussi dans cette loi, est décisive et ne devrait pas laisser place au doute :

Nomine et substantiâ, nihil distat a dote antè nuptias donatio.

Cependant, certains auteurs ont enseigné que la dot et la donation *propter nuptias* ne devaient pas être complètement assimilées. Nous prétendons au contraire que l'assimilation doit être la plus étendue, et que les règles auxquelles est soumise la donation *propter nuptias* ont été calquées sur celles de la dot profectice.

Examinons les arguments qu'on produit en sens opposé.

La donation à cause de noces, objectent nos adversaires, passait civilement en la propriété de la femme, mais le mari en conservait l'administration et la jouissance. Il y a donc une différence entre la donation à cause de noces, dont l'administration était confiée au mari, et la dot, dont le mari avait aussi l'administration et la jouissance.

Il est aisé de répondre que cela résulte de ce que la dot et la donation à cause de noces avaient un seul et même but : le mari étant chef de l'association conjugale, doit avoir la jouissance de l'apport fait par lui, comme de celui fait par la femme, afin de subvenir aux charges du mariage.

Et ce qui vient encore à l'appui de notre théorie, c'est que, au cas de mauvais état des affaires du mari, la femme, pendant la durée du mariage, peut obtenir l'administration et la jouissance des choses composant la donation à cause de noces (L. 29, C., 5. 12). Or, si la femme reçoit cette administration dans ce cas spécial, ce n'est que pour subvenir aux charges du mariage; le mari en jouissait donc auparavant dans le même but.

On a aussi prétendu que la donation *propter nuptias* n'est qu'un gain de survie constitué au profit de la femme ; c'est seulement à ce point de vue que la donation *propter nuptias* correspondrait à la dot.

Cette opinion contient une grande part de vérité. Evidemment, on voulut établir une certaine réciprocité entre les époux au point de vue des gains de survie; mais ce ne fut pas là le seul but de la *donatio propter nuptias*, car la loi 9, C. 5. 14 de Léon et Anthénius (468 ap. J.-C.), qui nous montre, pour la première fois, la donation à cause de noces comme un gain de survie, est bien postérieure à cette institution. La Novelle 20 de l'empereur Léon, sur laquelle nous avons insisté dans le chapitre II, atteste qu'autrefois, — c'est-à-dire dans le droit de Justinien — la donation à cause de noces revenait à celui qui l'avait constituée en l'absence d'enfant ou de pacte contraire. Elle n'impliquait donc pas l'idée d'un gain de survie.

D'autres auteurs ne voient dans la *donatio propter nuptias* qu'un droit accessoire, une simple garantie qui aurait pour but d'assurer la subsistance de la famille, au moyen de l'inaliénabilité des biens qui en font l'objet. A notre avis, il y a un droit principal subsistant par lui seul et qui ne peut être réduit à être la garantie d'une garantie. La preuve la plus évidente se trouve dans la loi 12, § 2, C., 8. 18 qui refuse à la donation *propter nuptias* l'hypothèque qui sert à garantir la dot. Si Justinien prend soin de s'expliquer sur ce point, c'est que l'on aurait pu songer à attacher une hypothèque à la donation *propter nuptias*. Est-ce que la possibilité seule de cette supposition ne prouve pas que la donation *propter nuptias* est bien un droit principal ?

Il faut donc, en nous résumant, maintenir que la donation *propter nuptias* fut réellement la dot du mari, et poser comme principe fondamental qu'elle a eu le même but que celle de la femme, c'est-à-dire subvenir aux charges du mariage.

Remarquons, en effet, que la donation *propter nuptias* faite au mari est la conséquence directe de la donation faite à la femme; c'est, pour ainsi dire, le développement naturel de l'institution de la dot profectice.

Il faudrait néanmoins se garder d'en conclure que la donation *propter nuptias* est née tout d'un coup. Loin de là, comme pour toutes les bonnes institutions, la loi, nous l'avons déjà indiqué, n'a fait que sanctionner ce qu'un usage déjà long et des mœurs anciennes avaient précédemment sanctionné et solidement établi. Il a bien fallu déroger au rigorisme de l'ancien Droit, pour que le père pût doter sa fille, et lorsque ce premier pas a été fait, le chemin était tout tracé : bientôt les enfants mâles restés sous la puissance du père purent recevoir de lui des donations *antè* ou *propter nuptias*, à l'instar des dots données aux filles.

Le but qui avait poussé tel ascendant à constituer une dot profectice à sa fille, tel autre à constituer une donation *propter nuptias* à son fils étant le même, il en résultait nécessairement que l'existence de ces deux libéralités était subordonnée à la réalisation du mariage. Il est vrai qu'avant l'empereur Justin, la donation *antè nuptias*, à la différence de la dot, ne pouvait être ni constituée ni augmentée pendant le mariage ; mais nous avons vu cette différence disparaître sous le règne de cet empereur, ce qui amena Justinien à donner le nom de *donatio propter nuptias* à la donation constituée par les ascendants du mari (Inst. II, 7, § 3 ; L. 19 et 20, C. 5. 3).

De même que nous avons vu une donation faite à la fille, donation qui peut être profectice, adventice ou réceptice, de même la donation faite au mari peut être profectice, adventice ou réceptice. De même que le père de la femme est obligé de la doter, de même le père du mari est obligé de donner, au nom de son fils, une donation *propter nuptias* (L. 7, C. 5. 11).

Si nous prenons maintenant les donations à cause de noces une fois le mariage célébré, les points de contact entre ces deux institutions seront plus nombreux encore.

On peut dire, en effet, qu'il y a similitude de la dona-

tion à cause de noces avec la dot, par sa destination pendant le mariage; car si la constitution de dot transfère
au mari le domaine des biens dotaux, la constitution de
donation à cause de noces transfère à la femme la propriété des biens apportés par le mari.

Néanmoins, le droit de propriété qu'avait chaque époux
sur les biens de l'autre était imparfait, surtout quant à
la femme, car le mari conservait l'administration et la
jouissance des biens compris dans la donation à cause de
noces. Mais, de même que l'on disait que la dot demeu-
rait *naturellement* en la propriété de la femme, de même
on considérait la *donatio propter nuptias* comme demeu-
rant propre, au moins naturellement, sinon en droit
strict, au mari, pendant la durée du mariage. Ceci était si
vrai, que lorsque le mari reprenait les choses données, à
la dissolution du mariage, il n'y avait pas nouvelle translation de propriété.

Il y a donc parallèle, encore à ce point de vue, entre la
dot et la donation *propter nuptias*. Il est établi dans la
Novelle 29, c. xx, § 1 : *Habebunt quidem propria, hæc
est dotem quidem mulier, sponsalitiam vero largitatem vir.*

Cependant, une différence très naturelle existe entre la
dot et la donation *propter nuptias*. La femme, si elle n'est
pas hérétique (Nov. 109), est munie d'une hypothèque
légale, pour sûreté de sa dot et des droits qu'elle peut
avoir à exercer contre son mari, en qualité d'administrateur de la donation *propter nuptias*; le mari, au contraire,
n'a pas d'hypothèque légale qui lui assure la reprise de
cette donation. Nous en avons vu la raison bien simple
dans le Chapitre précédent.

La dot, comme la donation *propter nuptias*, assurait le
sort de la femme et celui de ses enfants. En effet, comme

le fonds dotal lui-même, les biens composant la donation à cause de noces étaient à l'abri des poursuites des créanciers. Sans doute, durant le mariage, tant que le mari était pleinement solvable, la femme n'avait aucun droit ; mais en cas de faillite du mari elle avait une action personnelle et hypothécaire pour se faire livrer ces biens. Bien plus (et nous ne saurions trop le répéter, car c'est la preuve du droit de propriété que quelques auteurs ont nié), la femme avait une action réelle pour réclamer les biens frauduleusement aliénés. La C. 29, C. 5. 12 s'exprime ainsi : *Sed etiam si ipsa (mulier) contrà detentatores rerum ad maritum suum pertinentium, super iisdem hypothecis aliquam actionem secundum legum distinctionem moveat, non obesse ei matrimonium constitutum sancimus, sed ità eam posse cas lem res vindicare, vel a creditoribus posterioribus, vel ab aliis qui non potiora jura legibus habere noscuntur, ut potuisset si matrimonium eo modo dissolutum esset quo dotis et antè nuptias donationis exactio ei competere poterat.*

Outre l'hypothèque légale établie à son profit sur les biens composant la donation *propter nuptias* la femme trouva une autre garantie dans l'inaliénabilité de ces biens. Il est vrai que ce dernier avantage ne lui fut accordé que sous Justinien. Auparavant, le mari, possesseur et administrateur de la donation à cause de noces, en percevait les fruits et pouvait même les aliéner. Mais, en 537, dans la Nov. 61, Justinien prescrivit l'inaliénabilité de cette donation, et nous savons que six années auparavant la même mesure avait été prise pour la dot : c'est une analogie de plus à noter entre les deux institutions.

Désormais, administration et propriété furent deux droits

distincts, et le mari, pour avoir le droit d'administrer, n'eut plus celui d'aliéner. Mêmes règles encore pour la dot profectice.

Nous n'avons pas à revenir sur ce qui se passe à la mort de l'ascendant qui a constitué la dot profectice ou la donation *propter nuptias*. Le rapport à la succession du donateur a lieu dans les deux cas. La loi 17, C. 6. 20 que nous connaissons, met sur la même ligne, à ce point de vue, ces deux libéralités : *tam dos quam antè nuptias donatio conferatur*.

Si la donation anténuptiale se confondait avec la dot pendant le mariage, elle se trouvait aussi soumise aux mêmes règles de restitution, à la dissolution de l'union conjugale. A cette époque, de même que la dot profectice est restituée, de même le mari reprend tous ses droits sur les biens composant la donation *propter nuptias*, et si, dans un certain cas, nous voyons la femme perdre sa dot, dans les mêmes cas le mari perd la donation. M. Accarias résume, dans une formule très heureuse, l'analogie qui existe, à ce point de vue, entre les deux institutions que nous étudions :

« En principe, la donation *propter nuptias* n'appartient définitivement à la femme qu'autant que celle-ci se trouve *dans des circonstances identiques* à celles qui autoriseraient le mari lui-même à garder la dot[1]. »

Le mari survit-il? il gagne la dot; dans le cas contraire, la femme gagne la donation *propter nuptias*. Justinien assimile encore plus l'une à l'autre ces deux sortes de libéralités. Lorsqu'il y a eu une convention, en vertu de laquelle le mari pourra, dans des cas déterminés, rete-

1. Accarias, *Précis de Droit romain*, t. I, p. 787.

nir la dot, la femme, dans les mêmes cas, pourra retenir la donation *propter nuptias*. Il y a une présomption de réciprocité, contraire peut-être à l'intention des parties, mais conforme au mobile qui avait poussé Justinien (*imperator uxorius*), à édicter la fameuse loi *Assiduis* : système de protection pour la femme poussé à l'extrême, *propter fragilitatem sexus*. Bien entendu, si la dot, d'après la convention, ne devait être retenue que pour partie, de son côté la femme ne pouvait réclamer la donation *propter nuptias* que pour la même fraction.

Cette règle de la réciprocité pour la femme est la conséquence de l'abolition du gain de la dot par le mari survivant, comme le prouve la *lex unica*, § 6, C., 5. 13 : ... *si decesserit mulier constante matrimonio, dos non in lucrum mariti cedat, nisi ex quibusdam pactionibus*.

En pratique, ces pactes de gain de survie intervenaient fréquemment entre les époux. D'après une constitution des empereurs Léon et Anthémius (468), il devait y avoir dans ces gains de survie égalité proportionnelle, le quart, le tiers, la moitié de la donation (L. 9. C. 5. 14); d'après Justinien, égalité numérique, la même somme pour celui qui survivrait. Désormais, c'était bien le cas de dire, avec une précision mathématique, *ut æquis passibus utraque ambulet tam dos quàm donatio* (L. 20, C. 5. 3.)

Justinien, après avoir supprimé l'action *rei uxoriæ*, décida que la dot serait toujours réclamée au mari par l'action *ex stipulatu*. Le parallèle établi presque continuellement par les lois romaines entre la dot et la donation à cause de noces nous conduirait encore raisonnablement à accorder à la femme une action *ex stipulatu* tacite, comme pour la dot.

L'analogie que nous venons de voir entre les donations

nuptiales, au cas de dissolution du mariage par la mort de l'un des époux, subsiste également, au cas de dissolution du mariage par le divorce.

Les *justæ causæ repudii* sont limitativement énumérées par la loi. S'il existe un juste motif de divorce, celui des époux qui y a donné lieu perdra à la fois la dot et la donation *propter nuptias*, qui profiteront toutes les deux à l'autre époux. S'il n'existe pas de justes motifs de divorce, celui des époux qui abandonne l'autre perd à la fois la donation à cause de noces et la dot. (L. 8, § 4 et 5, C. 5. 17.)

Nous avons vu, dans cette étude, comment les donations faites par les ascendants, se sont développées dans les mœurs romaines. La dot profectice, comme la donation *propter nuptias*, étaient inspirées par les motifs les plus légitimes, et c'est par la force des choses que la dernière de ces institutions est venu s'établir à côté de celle qui existait déjà depuis longtemps. Nous pouvons bien dire, en terminant, que les règles de l'une ont été calquées sur celles de l'autre : l'analogie est complète. « A raison de ce parallélisme entre les règles de la dot et celles de la donation *propter nuptias*, on comprend facilement combien il est exact de dire que cette donation forme comme le pendant de la dot, et pourquoi Justinien lui a donné le nom significatif d'ἀντιφερνα [1]. »

1. Gaston May, *Éléments de Droit romain*, t. II, p. 232.

DROIT FRANÇAIS

INTRODUCTION.

Quand on étudie le *don en avancement d'hoirie fait à un héritier réservataire*, on se trouve en présence d'une libéralité toute particulière qui se distingue, comme son nom l'indique, d'une donation ordinaire, en ce qu'elle est adressée à une personne, susceptible de recueillir un jour *l'hoirie* ou *l'héritage* du donateur.

D'un autre côté, la situation du donataire est aussi toute spéciale. Il joint, en effet, à sa qualité d'héritier celle de réservataire, et à ce titre jouit d'une faveur que le législateur lui accorde : il a droit à une certaine fraction de biens dont le *de cujus* n'a pas pu disposer. Cette portion de biens non disponible est appelée « *réserve* » par le Code civil.

En présentant le projet de Code civil au Conseil d'Etat, Bigot-Préameneu s'exprimait ainsi : « Quoique le droit de disposer de ses biens ne soit que l'exercice du droit de

propriété, auquel il semblerait, au premier coup d'œil,
que la loi ne devrait en aucun cas porter atteinte, il est
cependant des bornes qui doivent être posées lorsque les
sentiments naturels et l'organisation sociale ne permettent
pas à celui qui dispose de les franchir..... Si le père
doit rester libre de conserver l'exercice de son droit de
propriété, il doit aussi remplir les devoirs que la pa-
ternité lui a imposés envers ses enfants et envers la
société [1]. »

On voit que Bigot-Préameneu, qui plaçait le principe
de la propriété dans le droit naturel, cherchait, dans le
droit naturel aussi, les limites mêmes de la faculté de
disposer.

Mais ces limites ne sont apportées par la loi qu'avec
le plus grand respect. Sans doute, les enfants d'un même
père sont tous au même titre ses enfants, quelles que
soient leurs aptitudes ou leurs infirmités, leur âge ou
leur sexe, leurs qualités ou leurs défauts. C'est cette idée
qui a conduit les rédacteurs de notre Code civil à adopter
le principe de l'égalité des partages, fondé sur l'identité
d'origine et de sang.

Néanmoins, à côté de ce principe, il a bien fallu en
établir un autre, et permettre au père de détruire l'égalité dans une certaine mesure, en avantageant tel ou tel
de ses successibles, afin de donner quelque compensation
à ceux que la nature a déshérités, soit au point de vue
intellectuel, soit au point de vue physique. N'était-il pas
juste de lui permettre de récompenser ceux dont il n'aurait eu qu'à se louer, de punir au contraire ceux dont il
aurait eu à se plaindre ?

Fenet, t. XII, pp. 244-245.

Le don en avancement d'hoirie est un des avantages qui peuvent être conférés à un héritier réservataire. C'est à ce point de vue spécial que nous l'envisagerons dans cette partie de notre travail.

Mais auparavant, il nous a paru indispensable d'étudier *le don en avancement d'hoirie en général*, abstraction faite du cas où il s'adresse à un héritier réservataire ; nous indiquerons à grands traits la nature et les caractères juridiques de cette libéralité. Ce sera l'objet du chapitre I.

Dans le chapitre II, nous nous occuperons de la *Nature de la Réserve*, question importante dont la connaissance est absolument indispensable, avant d'étudier les deux partis que peut prendre, à la mort du donateur, l'héritier réservataire gratifié d'un don en avancement d'hoirie.

Le chapitre III sera consacré aux *Effets du don en avancement d'hoirie quand l'héritier accepte la succession;* nous verrons ensuite combien ces effets sont différents *au cas de renonciation.* Ce sera l'objet du chapitre IV.

CHAPITRE PREMIER.

Du don en avancement d'hoirie en général.

La nature particulière du don en avancement d'hoirie ne peut être déterminée que lorsque les règles de ce don sont connues. Pour y arriver, il faut nécessairement indiquer en quoi le don en avancement d'hoirie se distingue d'une sorte de libéralité, qui peut être faite à un futur héritier : le don par préciput et hors part. Nous verrons que c'est le *rapport* qui constitue la principale différence. Aussi, après avoir montré comment cette institution s'est introduite dans notre législation, nous étudierons les principes auxquels elle est soumise selon le droit actuel.

Il nous sera alors facile de nous prononcer sur la nature juridique et les éléments essentiels du don en avancement d'hoirie, en général.

En présence d'une libéralité faite à un futur héritier, deux partis se présentaient aux rédacteurs du Code. On pouvait, ou bien permettre au donataire de venir à la succession, en conservant l'avantage à lui conféré, toutes les fois que le donateur n'avait pas manifesté l'intention formelle d'imputer la donation sur la part héréditaire, ou bien l'obliger, s'il voulait venir au partage avec ses cohéritiers, à remettre dans la masse toute la valeur de la donation par lui recueillie. C'était présumer chez le donateur le désir de maintenir entre ses successibles l'égalité absolue. Il est vrai que l'intention contraire pouvait être manifestée par le disposant, en faisant un don *par préciput*, c'est-à-dire en gratifiant son successible d'une libéralité avec dispense expresse de rapport.

Le législateur a pris le second parti : il n'a voulu voir, en principe, dans les libéralités conférées par le défunt à l'un de ses héritiers présomptifs, que des *avancements d'hoirie*. Sans doute il a permis, dans l'article 843, de faire des dons par préciput ; mais on voit qu'il ne leur a pas sacrifié sans regret la règle dominante de nos lois successorales, l'égalité entre les héritiers légitimes du défunt.

Le don par préciput est donc l'opposé du don en avancement d'hoirie. Le premier prouve que le *de cujus* a eu l'intention de rompre l'égalité entre ses héritiers ; le second montre, au contraire, que le disposant a tout fait pour la conserver. Ces deux libéralités si différentes n'ont qu'un point de contact : c'est qu'elles sont faites à des successibles. Il ne peut, en effet, être question de rapport, ou de dispense de rapport, pour un don fait à un étranger.

Quel est alors le signe distinctif qui permet de distinguer le don par préciput du don en avancement d'hoirie? C'est la dispense *expresse* de rapport. Le législateur veut que l'exception au principe de l'égalité entre cohéritiers soit formellement exprimée, et après l'avoir dit très-nettement dans l'article 843, il le répète dans l'article 919. Aucune formule n'est imposée, pas de termes sacramentels ; mais une intention parfaitement claire, une volonté sûre qui ne laisse pas place au doute, voilà ce qu'a voulu le Code civil.

7

« La volonté d'affranchir de rapport, disait Jaubert au Tribunat, doit se lire dans la disposition elle-même. » C'est donc dire que la dispense de rapport peut résulter de l'ensemble de la libéralité, bien qu'elle n'y soit pas littéralement exprimée. La doctrine est unanime sur ce point, et la jurisprudence décide invariablement que le disposant peut se servir de toute expression propre à manifester clairement sa volonté.

Bien plus, si un don en avancement d'hoirie a été conféré par un père à son fils, mais *à charge par le donataire de transmettre à ses enfants le bien donné*, il faut, suivant nous, décider que l'enfant donataire ne devra point rapporter à ses cohéritiers, et cela malgré l'absence de la clause expresse de préciput. Pourquoi ? Parce qu'ici l'intention du disposant ne peut faire doute, et que la nature de la libéralité qu'il a accordée, empêche absolument que le donataire soit privé du bien donné. En effet, il y a incompatibilité absolue entre l'obligation de rapporter et l'obligation de restituer. Il est certain que le *de cujus* a voulu donner à son fils une fraction de son disponible, car la substitution fidéicommissaire ne peut avoir pour objet une portion de la réserve.

Mais doit-on aller plus loin, et dire que les libéralités déguisées sous la forme d'un contrat à titre onéreux et les libéralités sans forme, comme les dons manuels, sont censées faites avec dispense de rapport ? Au contraire, faut-il les considérer comme des libéralités rapportables, des dons *en avancement d'hoirie ?*

D'après M. Ragon, « l'esprit de la loi est loin d'être défavorable aux préciputs, » et entre les deux théories, l'estimable auteur choisirait « la doctrine plus radicale

qui affranchirait tous les dons indirects du rapport[1]. « A
notre humble avis, l'esprit de la loi est plutôt favorable
aux avancements d'hoiries qu'aux préciputs, et nous ne
croyons pas trop nous avancer en disant qu'il est à la fois
conforme à son esprit et à son texte de ranger les dons
indirects dans la première catégorie.

Prenons tout d'abord la donation déguisée, c'est-à-dire
celle qui se cache sous la forme d'un contrat à titre onéreux. Ainsi, je vends un immeuble, je donne quittance
dans l'acte sans toucher le prix, ou bien je n'en reçois
qu'une partie; j'ai fait une donation déguisée. Je suppose
que je l'ai conférée à un de mes futurs héritiers; les adversaires de la théorie que nous admettons y voient un
don par préciput. Ils invoquent deux arguments.

L'article 843, disent-ils d'abord, est étranger aux
donations déguisées; en admettant qu'il ne le fût pas, il
faudrait comprendre de pareilles libéralités dans l'exception comprise en cet article. Le déguisement équivaut
à une véritable dispense de rapport, puisque la dispense
de rapport peut être indifféremment expresse ou virtuelle. Ils argumentent ensuite de l'article 918, lequel,
supposant qu'un père a dissimulé une donation faite à
l'un de ses enfants sous les apparences d'une vente à
fonds perdu, déclare qu'il y a libéralité précipuaire, et
que la valeur du bien aliéné doit être imputée sur la quotité disponible.

Ces arguments ne manqueraient point d'une certaine
force, si l'on pouvait admettre que les donations déguisées
formassent dans notre Droit une classe absolument dis-

1. Ragon, *Rétention et Imputation des dons faits à des successibles*, t. I, p. 335.

tincte de libéralités, qui ne se rattacheraient en aucune manière aux libéralités directes ou indirectes. Pour nous, au contraire, la donation déguisée nous apparaît comme une donation indirecte au premier chef, et, à ce titre, doit être soumise *à fortiori* à la loi du rapport. Le mot *indirect* de l'article 843 n'est pas un mot technique ; il a été pris dans un sens général. On ne peut admettre, du reste, que la donation déguisée soit équivalente à une dispense de rapport. Le disposant a pu n'être guidé, en employant ce moyen détourné, que par le but de payer au fisc des droits moins onéreux, ou encore de dissimuler sous la forme d'une vente le don en avancement d'hoirie qu'il consentait à un de ses enfants. Quant à l'exception tirée de l'article 918, elle ne doit pas être généralisée et elle s'explique fort bien : la loi ne cherche pas à savoir ce qui s'est passé entre le père et le fils ; il est probable qu'il y a eu donation, mais il peut se faire aussi qu'il y ait eu un véritable contrat à titre onéreux. Dans ce dernier cas, il serait trop dur d'obliger au rapport un enfant qui n'était pas donataire, mais acheteur.

La jurisprudence a sur cette question une opinion mixte. Pour elle, le déguisement n'implique pas, à lui seul, la dispense de rapport. Nous l'approuvons entièrement sur ce point, mais nous ne pouvons la suivre lorsqu'elle permet aux juges du fait d'apprécier l'intention du disposant, suivant les circonstances de la cause[1]. Pour nous, il n'y a pas à sortir du texte de l'article 843. La dispense de rapport doit être évidente ; or, elle ne l'est pas dès qu'elle n'est ni expresse ni virtuelle. La donation

---

1. Cass., Sirey, 1863, 1, 265; — Sirey, 1885, 1, 455.

déguisée n'est donc qu'un *avancement d'hoirie*, et à ce
titre, doit être rapportée comme toute autre libéralité.

Un mot sur les donations par personnes interposées.
Les articles 847 et 849 déclarent que les dons et legs faits
au fils ou au conjoint de celui qui se trouve successible à
l'époque de l'ouverture de la succession sont toujours
réputés faits avec dispense de rapport. Ici, la loi apporte
une exception formelle au principe de l'article 843, en se
contentant d'une dispense tacite. Au surplus, il n'y a pas
de doute sur l'intention certaine, chez le disposant, de
conférer un avantage préciputaire; malgré l'interposition, les droits onéreux seront payés, et la donation sera
connue de tous les cohéritiers.

De là à conclure, comme le font MM. Aubry et Rau[1],
que l'interposition de personnes emporte dispense de rapport, quelle que soit la personne interposée, il y a loin.
En agissant ainsi, le disposant n'a certainement été guidé
que par l'idée de ne pas exciter la jalousie de ses autres
héritiers présomptifs; aussi a-t-il dissimulé sa libéralité.
Du reste, et nous ne saurions trop le répéter, la loi n'admet en principe que la dispense *expresse* du rapport, et
à supposer qu'elle admette une dispense tacite dans les
articles 847 et 849, ce serait une exception à la règle,
qui ne devrait pas être étendue d'un cas à un autre.

Les articles 847 et 849 peuvent en outre s'expliquer
historiquement. Les Coutumes de Paris et d'Orléans,
entre autres, interdisaient les libéralités préciputaires;
de là des fraudes pour éluder cette prescription rigoureuse. Afin de les déjouer, la loi considéra comme réel
et véritable donataire le successible, quand le fils ou le

1. Aubry et Rau, t. VI, p. 640.

conjoint de ce dernier avait été gratifié d'une donation ; d'où obligation au rapport. Mais dans notre Droit actuel, les libéralités préciputaires étant permises, la présomption légale d'interposition de personnes n'a plus sa raison d'être, et c'est cette ancienne théorie que le législateur moderne a voulu abroger formellement dans les articles 847 et 849. Malheureusement, les termes qu'il a employés laissent place au doute. « Il fallait, dit M. Mourlon[1], s'exprimer ainsi : « Les libéralités faites au fils ou au conjoint du successible ne sont point réputées faites à ce dernier. »

Que doit-on penser du don manuel? Cette sorte de libéralité est considérée par les auteurs et par une jurisprudence à peu près unanime comme une donation parfaitement régulière que sa nature affranchit de toute forme[2]. Le secret dont on l'entoure ne prouve pas l'intention chez le donateur de dispenser du rapport, et on a le tort très grave de rechercher cette intention dans des circonstances extérieures à l'acte : c'est la violation formelle de l'article 843. Nous reconnaissons que souvent les cohéritiers du donataire qui demandent le rapport éprouveront de grandes difficultés pour démontrer l'existence du don manuel. Non seulement il n'y a pas d'écrit, mais la plupart du temps pas de témoins; la seule preuve possible sera l'aveu du donataire auquel le serment pourra être déféré (Arg., art. 1358).

La jurisprudence admet le même système que pour les libéralités déguisées et permet aux juges d'apprécier suivant les circonstances[3].

1. Mourlon, *Répét. écrites de Dr. civil*, t. II, *Successions.*
2. Bressolles, *Don manuel*, p. 255 et suiv.
3. Cass., Sirey, 62, 1. 145; — 64, 1. 273; — 73, 1. 208.

Le donateur peut-il transformer un don *en avancement d'hoirie* en un don *par préciput et hors part*, ou inversement?

Pour la première hypothèse, nous avons un texte, l'article 919-2°, qui répond affirmativement. Il est ainsi conçu : « La déclaration que le don ou le legs est à titre de préciput ou hors part pourra être faite soit par l'acte qui contiendra la disposition, *soit postérieurement* dans la forme des dispositions entre-vifs ou testamentaires. » De ce texte, il résulte que le donateur reste absolument maître pendant toute sa vie de transformer en libéralité préciputaire le don en avancement d'hoirie qu'il a conféré à son successible. Et la loi lui donne le choix entre la forme des dispositions entre-vifs et le testament. S'il choisit la forme des dispositions entre-vifs, il faudra l'acceptation du donataire (art. 932) ; s'il choisit la forme testamentaire, la dispense de rapport sera révocable alors même qu'elle s'appliquerait à un don entre-vifs. Mais, dans les deux hypothèses, il n'y aura point d'effet rétroactif ; la nouvelle libéralité préciputaire ne sera traitée comme telle qu'à la date de l'acte qui la contient, si c'est un don entre-vifs, et seulement au jour de l'ouverture de la succession du donateur, si c'est une disposition testamentaire.

Un don en avancement d'hoirie peut donc toujours, au gré du donateur, être transformé en préciput. La réciproque est-elle vraie? Il faut ici faire la même distinction que dans le cas précédent. Le don préciputaire a-t-il été fait entre-vifs? Il faudra, pour que sa conversion en avancement d'hoirie soit possible, que le donataire l'accepte (art. 932), et, pratiquement, on se heurtera à une certaine résistance de sa part, la modification qu'on lui impose étant loin de lui être avantageuse.

Au contraire, si la libéralité préciputaire a été faite
par testament, le disposant ne rencontre pas d'entraves;
il est absolument libre et pourra opérer la transformation
qu'il désire à l'aide d'un nouveau testament, ou même
d'un codicille; il pourrait même, d'après l'article 1035,
combiné avec l'article 2 de la loi du 21 juin 1843 sur les
actes notariés, révoquer valablement le préciput par un
acte devant notaires, mais le premier moyen est de beaucoup préférable.

Nous venons de voir, qu'à la différence du don par
préciput et hors part, le don en avancement d'hoirie doit
être rapporté à la succession de celui qui l'a constitué.

Le rapport a son origine dans la législation romaine.
Nous avons étudié sur quelles bases il était fondé à propos de la *collatio dotis*. Justinien généralisa, dans sa Novelle XVIII, ch. vi, ses cas d'application, en ordonnant
le rapport des dons, donations nuptiales ou autres, sauf
dispense expresse par le testateur. La donation entre-vifs
fut considérée comme une simple avance sur les successions, *un avancement d'hoirie*.

La théorie du rapport, qui avait pour principal but, à
Rome, de maintenir l'égalité entre les enfants, ne fut pas
usitée dans les lois barbares. Quelques textes épars nous
montrent, en effet, que l'enfant avantagé par une donation entre-vifs n'était jamais contraint au rapport. S'il
avait reçu une libéralité par disposition de dernière volonté, il la recueillait en sus de sa part héréditaire.

Au contraire, le principe de l'égalité s'affirma avec
une grande force au moyen âge, dans les successions
roturières. L'enfant qui avait reçu du vivant de son père

plus que les autres devait rapporter [1]. Les Établissements
de saint Louis permettaient, au contraire, au gen-
tilhomme de donner tous ses meubles et conquêts à l'un
de ses enfants. Sauf cette exception, les donations étaient
toujours considérées comme des *avancements d'hoirie*, dont
les enfants non avantagés, restés à *l'ostel*, avaient toujours le droit d'exiger le rapport. Ce droit est aussi constaté dans le Grand Coutumier de Normandie [2]. Le principe fondamental est que les qualités de donataire et
d'héritier sont incompatibles en ligne directe.

Au seizième siècle, après la rédaction des Coutumes, la
France était divisée, au point de vue du Droit privé, en
deux régions bien distinctes : l'une au Nord, que l'on
appelait Pays de Coutumes, l'autre au midi, que l'on
appelait Pays de Droit écrit.

Les Coutumes les plus nombreuses et, parmi elles, celle
de Paris, permettaient au père et à la mère de conférer à
leurs enfants des dons entre-vifs, mais elles défendaient
au donateur de dispenser du rapport. A la mort de ce
dernier, le donataire devait, ou rapporter pour prendre
part à la succession, ou renoncer pour s'en tenir à son
don. C'est ce que dit expressément la nouvelle Coutume
de Paris (art. 304 et 307).

Le seul obstacle aux libéralités excessives était l'obligation imposée au donateur de se dépouiller complètement
et immédiatement, en vertu de la règle *donner et retenir
ne vaut*.

A côté de ces Coutumes, dites d'égalité simple, d'égalité en partage ou d'option, se groupent les Coutumes

1. Coutumes de Touraine, Anjou, art. 125.
2. Ch. xxxvi, dans Bourdot de Richebourg, IV, p. 19.

d'égalité parfaite. Non seulement toute libéralité entre-
vifs avec dispense de rapport est proscrite, mais encore
tout avantage en faveur de l'enfant renonçant est interdit; celui-là même qui répudie l'hérédité est obligé de
rapporter[1]. Toutes les donations faites par le père ou la
mère à leurs enfants sont réputées faites en *avancement
d'hoirie*. La jurisprudence et les auteurs en concluent que
l'enfant renonçant doit rapporter, car l'avancement d'hoirie n'est qu'une succession anticipée; or, ceux-là seuls
qui se portent héritiers peuvent prétendre à la succession : *delibatio hereditatis sub liberalitatis appellatione*.

Enfin, quelques Coutumes au centre, dites de préciput,
permettaient les libéralités entre-vifs avec dispense de
rapport[2].

Dans les Pays de Droit écrit, la législation de Justinien
s'appliqua. Le rapport était exigé, sauf clause de préciput. « Les enfants ne peuvent pas prendre leur part
dans la succession de leur père ou mère, qu'ils ne rappor-
tent, dans la masse des biens, les donations soit en faveur
de mariage ou autres donations entre-vifs, et les dots
qu'ils peuvent en avoir reçu, comme le tout étant censé
leur avoir été donné en avancement d'hoirie[3]. »

La législation intermédiaire consacra tout d'abord le
système des Coutumes d'égalité parfaite. La loi du
17 Nivôse an II, qui rétroagissait jusqu'au 16 juillet 1789,
exigea, dans ses articles 8 et 9, une égalité absolue. Les

1. Coutumes du Maine, art. 346; de Normandie, art. 434; de
Bretagne.
2. Coutumes du Berry, t. XIX, art. 42; Nivernais, ch. xxvii,
art. 11 et 12.
3. Serres, *Inst. du Droit français*, liv. III, tit. I, pp. 282 et
283.

enfants avantagés ne pouvaient renoncer pour s'en tenir à leur don ; au cas de renonciation comme au cas d'acceptation, ils étaient soumis à l'obligation du rapport.

Mais cette loi ne tarda pas à être abrogée ; de vives réclamations s'étaient élevées contre elle. Elle fut remplacée par la loi du 4 germinal an VIII qui consacra le système des Coutumes de préciput en décidant, dans son article 5, que « les libéralités autorisées par la présente loi pourront être faites au profit des enfants et autres successibles du disposant sans qu'elles soient sujettes à rapport. » Cette loi était incomplète. En effet, elle ne décidait pas si le donataire successible pouvait garder son don en avancement d'hoirie en renonçant, et si la dispense de rapport devait être expresse. Aussi elle n'eut qu'une courte existence et ne fut qu'une transition entre la loi de Nivôse et notre Code civil.

Les législateurs de 1804 ont répudié le système des coutumes d'égalité comme celui des coutumes d'égalité simple ou d'option. Ils ont consacré le système des coutumes de préciput, déjà adopté dans la période intermédiaire.

La base du rapport, dans notre Droit actuel, est l'intention présumée du défunt, qui est réputé n'avoir pas voulu rompre l'égalité entre ses successibles. Mais il est permis au donateur ou testateur d'accorder la dispense du rapport ; le donataire gratifié peut lui-même se soustraire à cette obligation en renonçant à la succession (art. 843, 844, 845).

« Tout héritier, même bénéficiaire, dit l'art. 843, venant à une succession, doit rapporter à ses cohéritiers tout ce qu'il a reçu du défunt. » Voilà le principe général : *Tout héritier doit le rapport*. Mais n'y a-t-il pas des restrictions ?

La première peut venir du donateur lui-même, s'il confère au successible un don par préciput et hors part. Nous avons vu, au début de ce Chapitre, qu'il faut pour cela une volonté préalablement exprimée par le défunt ; il faut, en outre, que cette déclaration de volonté soit faite dans l'acte même qui contient la libéralité ou dans un acte postérieur ayant la forme des donations entre-vifs ou testamentaires.

Mais, et c'est là le point important qui se rattache directement à notre sujet, le donataire peut éviter le rapport en ne venant pas à la succession, et quoiqu'il n'y ait eu aucune dispense accordée. « L'héritier qui renonce, dit l'article 785, est censé n'avoir jamais été héritier. » Conséquence : il ne tombe pas sous l'application de l'article 843. L'article 845 vient déclarer formellement ce qu'on aurait pu conclure, par argument *a contrario*, des termes employés par l'article 843 : l'héritier *venant à succession*. L'article 845 est très explicite : « L'héritier qui renonce à la succession peut cependant retenir le don entre-vifs ou réclamer le legs à lui fait. » Le texte ajoute *jusqu'à concurrence de la quotité disponible*, mots qui ont trait à la mesure dans laquelle l'héritier renonçant peut retenir son don, et dont l'interprétation a donné lieu à de très vives controverses que nous verrons dans la suite.

Au point où nous en sommes arrivés, connaissant en quoi le don en avancement d'hoirie se distingue du don par préciput et les règles générales sur le rapport, nous pouvons définir le don en avancement d'hoirie et essayer d'en déterminer la nature.

Le *don en avancement d'hoirie* peut être défini un don fait à un futur héritier, sans dispense de rapport. Comme le nom l'indique, c'est une avance faite sur une succession, un don de présuccession, disent quelques auteurs.

Chose remarquable, il n'existe dans le Code aucun passage qui fasse du don en avancement d'hoirie un mode particulier de disposition à titre gratuit; jamais cette expression d'*avancement d'hoirie* n'y est employée, sauf dans l'article 844 où elle est comme dissimulée. Mais ce texte rapproche le mot avancement d'hoirie du mot dot et nous montre que c'est une libéralité faite le plus souvent par les parents à leurs enfants au moment de leur établissement par mariage; ainsi, à Rome, le père constituait à la fille la dot profectice et à son fils la donation *propter nuptias.*

De ce que le don en avancement d'hoirie est une libéralité faite à un futur héritier, faut-il conclure qu'elle est une remise anticipée de la succession? La Cour de cassation, dans l'arrêt Saint-Arroman, du 8 juillet 1826, a cru pouvoir l'avancer. « Les avancements d'hoirie, dit-elle, ne sont, en réalité, que des remises anticipées des parts que les donataires successibles doivent un jour recueillir dans les successions. » M. Ragon ajoute que « on trouve cette définition hasardée, mais sans pouvoir dire ce qu'il y faut reprendre[1]. »

Nous verrons à quelles conséquences elle aboutit, et nous essayerons de démontrer que cette définition doit être rejetée.

Du reste, la notion de l'avancement d'hoirie fut empruntée au Commentaire de Dumoulin, sur la Coutume de Paris. Ce jurisconsulte, parti d'un point de départ

1. Ragon, *Théorie de la rétention et de l'imputation des dons faits à des successibles,* t. I, p. 62.

arbitraire, n'admettait pas que l'on pût, sans être héritier, retenir à titre héréditaire un avancement d'hoirie.
La théorie fut repoussée par l'article 307 de la Coutume
de Paris. Aussi n'est-ce pas la distinction imaginée par
Dumoulin entre l'avancement d'hoirie exprimé ou simplement présumé que l'on a voulu introduire dans
notre législation, c'est un système général sur l'avancement d'hoirie. « Quand on parle d'une anticipation
sur la succession, dit fort bien M. Machelard, on exprime seulement cet état de fait que le donataire acceptant aura été traité eu égard à l'émolument perçu,
comme si la succession avait été ouverte au moment de
la donation. *En droit*, il n'existe pas un titre pareil
d'acquisition. On ne saurait prendre la succession d'un
homme vivant ; si on reçoit à titre gratuit une portion de
la fortune de quelqu'un qui n'est pas décédé on est donataire[1]. »

Quel est donc ce système général sur l'avancement
d'hoirie ? « Donner en avancement d'hoirie, dit M. Labbé,
c'est donner d'une certaine manière, mais enfin c'est
donner. » Qu'est-ce à dire, sinon que la libéralité sans
dispense de rapport n'est et ne peut être qu'une véritable donation, donation dont l'enfant gratifié est saisi
actuellement et irrévocablement, en vertu des articles 833
et 893 qui sont conçus en termes généraux, et ne distinguent point par qui, ni au profit de qui, ni de quels
biens la donation entre-vifs a été faite ?

Mais comme toute donation, une telle libéralité peut-
être affectée d'une modalité qui résulte de la nature

1. Machelard, *Dissertation de Droit romain et de Droit français*, éd. Labbé, 1882, p. 97.

même de l'avancement d'hoirie. M. Labbé dit très justement : « L'avancement d'hoirie n'est pas une manière spéciale de disposer de ses biens. La donation peut seulement recevoir comme une modalité dans son existence le caractère d'avancement d'hoirie.... C'est une donation qui se confondra, s'il y a lieu, avec les droits du donataire dans la succession du donateur. [1] » *S'il y a lieu*, ce n'est donc pas une donation pure et simple. Sans doute, elle est irrévocable, en ce sens que le donateur n'a pas la faculté de reprendre ce qu'il a donné, et encore en ce que l'héritier qui renonce peut la retenir jusqu'à concurrence de la quotité disponible (art. 845) ; mais elle est conditionnelle, puisque si le successible gratifié accepte, le don sera résolu et les biens reçus rentreront alors dans la succession ; s'il y renonce, au contraire, il les gardera non comme héritier, puisqu'il ne l'est pas, mais en qualité de simple donataire.

Nous connaissons les caractères généraux du don en avancement d'hoirie. Nous plaçant au point de vue spécial de notre sujet, nous allons étudier cette libéralité, dans le cas particulier où elle est faite à *un héritier réservataire*. L'intérêt que présente la question est très grand. Jusqu'ici, nous avons considéré le patrimoine du donateur comme formant un seul tout ; il faut maintenant, à propos des avantages qu'un père peut vouloir conférer à l'un de ses enfants (en pratique, c'est toujours à cette classe d'héritiers réservataires que sont faites les donations en avancement d'hoirie), considérer ce patrimoine sous un double aspect : d'un côté, une portion

1. Labbé, *Revue pratique*, t. XI, p. 209.

disponible; de l'autre, une portion réservée. Et c'est avec raison que la loi intervient dans ces circonstances exceptionnelles pour fixer au père de famille la limite qu'il ne doit pas dépasser dans les libéralités qu'il veut concéder. « C'est pour faire connaître aux pères de famille les bornes au delà desquelles ils seraient présumés abuser de leur droit de propriété, en manquant à leurs devoirs de pères et de citoyens, que dans tous les temps et chez presque tous les peuples policés la loi a réservé aux enfants, sous le titre de Légitime, une certaine quotité de biens de leurs ascendants [1] ».

C'est cette fraction du patrimoine que le Code civil a appelée RÉSERVE, dont nous allons maintenant étudier la nature.

1. Bigot-Préameneu, Exposé des motifs. — Locré, t. V, p. 346.

CHAPITRE II.

Nature de la Réserve.

Le Code définit la propriété : le droit de jouir et de dis--
poser des choses de la manière la plus absolue. Si la loi
a restreint ce pouvoir, illimité en principe, c'est pour
concilier les droits de la famille, les prérogatives du père
de famille et les intérêts généraux.

« Tous les sacrifices faits par les pères pour leurs enfants, dit M. Troplong, seraient incomplets si la succes--
sion paternelle n'en était le couronnement. Quoi ! l'enfant
hérite des défauts de son père, de ses imperfections, de
ses infirmités, et il ne pourrait hériter des avantages de
sa fortune [1] ? »

La Réserve trouve son fondement très juste aussi bien
dans l'affection présumée du père de famille que dans les
devoirs et les obligations auxquels il est soumis d'après le
Droit civil. Ses ascendants et ses descendants, ceux de
qui il tient la vie, ceux à qui il l'a donnée, ont un droit
naturel à une partie de sa fortune. De son vivant, la loi
l'oblige à leur fournir des aliments, il est juste qu'après
sa mort elle leur réserve une certaine fraction de ses
biens. Du reste, n'ont-ils pas été associés à sa bonne

1. Troplong, *la Propriété*, ch. IV.

8

comme à sa mauvaise fortune ? En mettant en commun travail, intelligence, activité, n'ont-ils pas acquis un droit de copropriété ? Dès lors, ils ne peuvent pas être dépouillés en faveur d'étrangers ou même pour le profit exclusif d'un seul d'entre eux.

Mais, à côté de la Réserve, il était nécessaire d'établir une portion disponible « médiatrice entre deux principes en apparence antagoniques : le droit de propriété du père et le droit héréditaire des enfants[1]. »

Ces deux droits, le législateur les a conciliés dans l'article 913, C., qui décide que : « les libéralités soit par acte entre-vifs, soit par testament, ne pourront excéder la moitié des biens du disposant s'il ne laisse à son décès qu'un enfant légitime ; le tiers s'il laisse deux enfants ; le quart s'il en laisse trois ou un plus grand nombre. »

On peut donc dire que « la Réserve est le droit héréditaire des parents en ligne directe, en tant qu'il est garanti, jusqu'à concurrence d'une certaine quotité de biens, contre les dispositions entre-vifs ou testamentaires de la personne à la succession de laquelle ils sont appelés par la loi[2], » ou bien encore que la Réserve « est une succession *ab intestat*, protégée, défendue contre les libéralités excessives[3]. »

Malheureusement, depuis la rédaction du Code civil, on n'est pas d'accord sur la nature de la Réserve.

La qualité seule d'enfant est-elle suffisante pour donner droit à la Réserve, ou faut-il y joindre celle d'héritier ?

Les législateurs de 1804 ne se sont pas exprimés formellement à ce sujet ; leur silence a donné lieu sur ce

---

1. Boissonade, *Réserve héréditaire*, p. 557.
2. Aubry et Rau, t. VII, p. 163.
3. Voir *Dictionnaire de Larousse*, v° *Réserve*.

point à de très vives controverses, sur lesquelles il est maintenant absolument indispensable de prendre un parti.

L'intérêt de la question est, en effet, très grand au point de vue des effets produits par le don en avancement d'hoirie. Une théorie que nous nous attacherons à réfuter autorise le donataire en avancement d'hoirie qui renonce à la succession à garder à la fois la part qu'il a dans la Réserve et la quotité disponible. Le point de départ de cette théorie est ainsi formulé par un de ses partisans les plus autorisés : « Dans l'intention des rédacteurs du Code, nous dit Troplong, la Réserve a été attribuée à l'enfant, comme enfant et non comme héritier [1]. »

Disons tout de suite que pour nous la Réserve légale est une partie de la succession *ab intestàt ;* que les qualités d'héritiers et de réservataires sont inséparables l'une de l'autre, et que, par conséquent, *il faut se porter héritier pour réclamer la Réserve.*

Telle est la proposition que nous formulons; nous allons essayer de la démontrer. Pour y arriver, il est de toute nécessité de recourir à des notions historiques.

En effet, le Code civil ne s'est pas formé tout d'un coup; il a été une transaction, une médiation entre des éléments législatifs très divers. Il fallait fusionner les anciens principes du Droit romain et du Droit coutumier pour les mettre en harmonie avec ceux que consacrait la période intermédiaire; aussi notre Réserve, n'est ni la Légitime romaine, ni la Réserve coutumière. Mais tient-elle plus de l'une que de l'autre? Le législateur a-t-il rejeté la première de ces deux institutions pour adopter les principes de la seconde? Nous ne pouvons répondre à cette ques-

[1]. Troplong, *Donations et Testaments,* t. II, n° 786 et suiv.

tion qu'après avoir étudié la nature de cette portion réservée à chaque époque différente et nous être démandé si, à Rome comme dans notre ancien Droit, la Réserve était attribuée à la seule qualité d'enfant ou s'il fallait y joindre celle d'héritier.

Nous traiterons, dans un § I, de la Légitime ou portion réservée en Droit romain. Dans un § II, consacré aux Pays de Coutumes, nous parlerons d'abord de la Légitime coutumière, puis de la Légitime de Droit. Passant ensuite à l'étude de la Légitime dans les Pays de Droit écrit, nous nous demanderons, après un rapide exposé de la théorie admise par le Droit intermédiaire, si la Réserve actuelle est la Réserve coutumière ou la Légitime romaine.

I. — De la Légitime en Droit romain.

La théorie de la Légitime eut pour but de garantir aux enfants une part dans les biens paternels.

« La Légitime, dit M. Boissonade, est une portion de ce qui serait revenu *ab intestato*, *ex lege*, à l'enfant ou aux autres parents admis à la *querela* : *portio portionis ab intestato debitæ*. C'est de cette portion de biens, et non de l'hérédité, que certains parents ne peuvent être privés sans une juste cause. »

La Légitime était-elle *pars bonorum* ou *pars hereditatis*? Était-elle une portion de biens attribuée au légitimaire en sa seule qualité de parent, ou une quote-part de l'hérédité que l'héritier du sang ne pourra réclamer que s'il se porte héritier? Controverse. Les textes sont en désaccord. Plusieurs l'appellent *pars bonorum* [1]. Les *Institutes* l'ap-

---

1. L. 6, C., III, 28.

pellent expressément *pars hereditatis*[1]. Entre deux systèmes opposés, Vinnius[2] propose une opinion intermédiaire qui concilie très bien les textes. D'après le droit du Digeste, des Institutes et même du Code, la Légitime pouvait être laissée aux enfants, *sive jure hereditario, sive jure legati vel fideicommisso, vel si mortis causa ei quarta donata fuerit*[3]. Quand elle est laissée à titre d'institution, la Légitime se confond alors avec la succession et constitue une quote-part de l'hérédité. Les textes qui la désignent sous le titre de *pars hereditatis* ont trait à ce premier cas. Au contraire, lorsqu'elle est laissée à titre de legs ou de fidéicommis, ou par donation à cause de mort, elle est alors *pars bonorum*.

Les enfants qui renoncent à la succession, c'est-à-dire ici à la *querela*, doivent-ils être comptés pour le calcul de la Légitime ? Cette question peut se poser également sous la forme suivante : La Légitime est-elle conjonctive et solidaire, ou disjonctive et purement individuelle ? Est-elle ou non susceptible d'accroissement ?

A notre humble avis, la Légitime n'est pas solidaire, mais individuelle, et par suite non susceptible d'accroissement en cas de renonciation de quelques-uns des légitimaires. Cela est conforme au caractère et au but de la Légitime ainsi qu'aux textes.

La Légitime est, en effet, une portion de ce que *chaque enfant* aurait recueilli si le testament n'existait pas. Il n'y a donc aucune vocation conjointe entre légitimaires : chacun n'a de vocation qu'à sa portion et non pas aussi à

---

1. L. II, tit. XVIII, § 3.
2. Vinnius, *Select. juris. quæst.*, lib. I, cap. XXII.
3. Inst., l. II, t. XVIII, § 6.

celle des autres. Il suffit que l'enfant ait le quart de sa part héréditaire pour qu'il ne puisse élever aucune plainte contre le testament de son père.

Les textes confirment cette solution. Les *Institutes* nous disent : *Quod autem de quarta diximus, ita intelligendum est, ut sive unus fuerit, sive plures, quibus agere de inofficioso testamento permittitur, una quarta eis dari possit ut pro rata eis distribuatur, id est pro virili portione quarta.* Comme on le voit, ce texte ne suppose même pas que la renonciation de l'un puisse profiter à celui qui a reçu sa part virile.

Dans sa Novelle 18, en 536, Justinien modifia le taux de la Légitime. Il la porta au tiers des biens, si le père laissait quatre enfants ou moins, et à la moitié s'il en laissait cinq ou plus.

La Novelle 18 a ébauché ce que le Code a fait plus tard : division du patrimoine en deux parties, l'une réservée à certains parents, l'autre disponible. Mais il faut remarquer que malgré la modification apportée par Justinien au taux de la Légitime, le principe de la Légitime individuelle n'a pas subi d'atteinte et l'accroissement entre colégitimaires est toujours resté impossible. Justinien prend soin, en effet, après avoir indiqué la nouvelle quotité, de subdiviser entre chacun des enfants le tiers ou la moitié du patrimoine laissé par le défunt : *Singulis ex æquo quadriuncium vel sexuncium dividendo.*

Dans la Novelle 92, rendue en 539, Justinien décida que les enfants donataires n'étaient pas tenus de se porter héritiers du donateur pour conserver les libéralités dans tout ce qui ne porte pas préjudice à la Légitime de leurs

1. Liv. II, t. XVIII, § 7.

frères et sœurs. La Novelle n'envisage pas la question de savoir si le successible non donataire devait se porter héritier pour réclamer sa Légitime contre les donataires. Les jurisconsultes des Pays de Droit écrit décidaient que non, se fondant sur ce que, en Droit romain, la Légitime était plutôt *une quote des biens qu'une quote de l'hérédité*. Conséquence : l'enfant réclamait sa Légitime en sa seule qualité d'enfant et non à titre d'héritier. A notre avis, Marcadé [1] en donne parfaitement la raison : « Vis-à-vis d'un père qui pouvait retirer à l'enfant non seulement les biens, mais le titre même d'héritier, il était logique et nécessaire d'organiser la Légitime en dehors de ce titre et de l'attribuer à la seule qualité d'enfant. »

Justinien alla plus loin encore dans la voie des réformes. La Novelle 115, datée de 541, exigea que désormais le titre d'héritier fût conféré aux légitimaires qui ne se trouveraient pas dans l'un des cas de juste exhérédation énumérés par l'empereur dans sa Novelle. Justinien veut donc que désormais la Légitime soit laissée à *titre d'héritier ;* laissée à un autre titre, elle ne met pas obstacle à l'exercice de la *querela*. Il faut bien comprendre le sens de cette innovation : l'empereur n'exige pas que le testateur institue son enfant pour toute sa Légitime, il veut seulement qu'il lui donne le titre d'héritier, qu'il l'honore de cette qualité pour une part quelconque, même pour des objets particuliers (*ex certis rebus*) ; ce qu'il ne veut pas, c'est que le légitimaire soit réduit au rôle de simple légataire en présence d'un institué étranger.

Nous pouvons nous demander, car la question est im-

1. Marcadé, *Revue critique*, I, p. 266.

portante et mérite qu'on insiste, si les légitimaires devenus héritiers ne profiteront pas par accroissement de la
part de leur frère renonçant; en d'autres termes, la Légitime a-t-elle perdu son caractère de réserve individuelle
par suite de cette innovation ?

Deux hypothèses peuvent se présenter. Le père peut
avoir purement et simplement institué ses fils héritiers;
au contraire, il peut ne les avoir institués chacun que
in re certd, et avoir appelé des étrangers à recueillir le
surplus. Dans le premier cas, il est certain que si l'un
des fils répudie, sa part restera dans l'hérédité et aug-
mentera celle de ses frères acceptants. « C'est la conséquence, dit fort bien M. Labbé [1], de la volonté du père
qui n'a rien fait pour les restreindre à leur Légitime,
qui, en les instituant héritiers purement et simplement,
leur a conféré un droit déterminé dans sa qualité, indé-
terminé quant à son émolument. » Dans le second cas, si
l'un des fils renonce, sa part profitera aux héritiers institués dont le droit est susceptible d'accroissement, mais
non pas à ses frères, ceux-ci n'ayant pas de vocation aux
parts des autres, la Légitime étant une fraction de part
héréditaire.

En résumé, nous avons vu dans ce rapide aperçu que
le mode de computation, qui varie avec le nombre des
légitimaires et le mode d'attribution, restent sans effet sur
le caractère purement individuel de la Légitime. Qu'est-
ce à dire sinon que ce caractère se concilie très bien avec
le but que se proposait le législateur romain : la protection de chacun des légitimaires en particulier, mais non la
protection de la famille considérée comme unité collective.

1. *De la manière de calculer la Réserve*, n° 26.

II. — *Pays de Coutumes.*

Ce paragraphe sera divisé en deux sections; dans la première sera étudiée la *Réserve coutumière*; dans la seconde, la *Légitime de droit.*

SECTION PREMIÈRE.

DE LA RÉSERVE COUTUMIÈRE.

La Réserve coutumière assurait aux héritiers du sang une partie du patrimoine paternel. Elle avait pour but le maintien des biens dans la famille. Voici en quels termes l'article 292 de la Coutume de Paris consacre cette institution : « Toutes personnes saines d'entendement, aagées et usans de leurs droicts, peuvent disposer par testament et ordonnance de dernière volonté au profit de personne capable, de tous leurs biens meubles, acquests et conquests immeubles, et de la cinquiesme partie de tous leurs propres héritages, et non plus avant, encore que ce fust pour cause pitoyable. »

Il résulte de ce texte que la Réserve coutumière portait sur les *propres*; que la quotité en était fixée au quatre cinquième des *propres*; que la Réserve n'atteignait que les dispositions testamentaires.

« On entend par *propres*, dit Pothier[1], ce que plusieurs coutumes appellent *anciens héritages*, c'est-à-dire les héritages de nos ancêtres ou autres parents qu'ils nous ont transmis par leur succession, ou par quelque autre titre équipollent à la succession. »

1. *Introduction aux Coutumes*, art. 3, § 4, n° 58.

D'après la Coutume de Paris, qui formait à cet égard le droit commun, la Réserve ne s'appliquait ni aux meubles ni aux acquêts. Cependant il y avait de nombreuses coutumes exceptionnelles ; certaines, comme la Coutume de Normandie, soumettaient à la Réserve les immeubles propres et acquêts. D'autres en grevaient même les meubles, comme la Coutume du Bourbonnais ; enfin, les Coutumes dites *de subrogation* faisaient porter la Réserve sur les propres d'abord, à défaut sur les acquêts et subsidiairement sur les meubles : telles étaient celles de Touraine, Anjou, Angoumois, Poitou, Bretagne.

La Coutume de Paris, avons-nous dit, fixait la quotité de la Réserve aux quatre cinquièmes des propres; ce qui paraît au premier abord très avantageux pour les héritiers, réduisait leur droit à zéro s'il n'y avait point de propres. De nombreuses variétés se présentaient du reste soit pour étendre la Réserve, soit pour la restreindre, au point de vue de la quotité. Mais il faut bien remarquer que la Coutume de Paris réservait les quatre cinquièmes, non de chaque héritage propre, mais du total des propres. « Ce sont les quatre quints de l'universalité des propres du défunt, dit Pothier [1], et non pas les quatre quints de chaque héritage propre que nos coutumes réservent à l'héritier. »

En règle générale, dans les Pays de Coutumes les qualités de donataire et d'héritier étaient incompatibles en ligne directe descendante.

Notons aussi, pour être complets, que « nul ne pouvait être héritier et légataire ensemble d'une même personne. » Cette règle coutumière était très répandue; néanmoins, il

1. *Traité des donations testamentaires,* ch. IV, art. 2, § 3.

y avait sur cette question une assez grande diversité dans les Coutumes.

En résumé, il faut dégager et surtout retenir deux règles, conditions exigées pour pouvoir réclamer la Réserve: il fallait, en premier lieu, être parent du défunt; en second lieu, se porter héritier.

SECTION II.

DE LA LÉGITIME DE DROIT.

La *Légitime* fut une institution absolument distincte de la *Réserve coutumière*. Quoique, même dans les Pays de Coutumes, elle dût son origine aux lois romaines (point qui n'est plus aujourd'hui sérieusement contesté), elle reçut, en pénétrant dans le nord de la France, des modifications résultant de l'effort constant de la jurisprudence et des auteurs pour combiner les principaux traits de son caractère originaire avec les principes du Droit coutumier.

Son introduction devint nécessaire pour combler les nombreuses lacunes que présentait la Réserve coutumière insuffisante à deux points de vue : la Réserve, en effet, n'attaquait que les propres et ne restreignait dans une certaine mesure que les dispositions testamentaires. Les droits des enfants étaient très faiblement garantis.

Quelle était la nature de la Légitime? Etait-elle *pars bonorum* ou bien *pars hereditatis?* une quote-part des biens dus aux enfants en leur qualité d'enfants ou en leur qualité d'héritiers? en d'autres termes, et pour préciser, le légitimaire pouvait-il réclamer la Légitime sans se porter héritier, ou fallait-il nécessairement qu'il fût, de fait et de droit, héritier?

L'intérêt est considérable. Si la Légitime était *pars*

bonorum les enfants pouvaient la réclamer, tout en répudiant la succession.

Disons tout de suite que certaines Coutumes s'expliquaient formellement : celles de Chartres et de Montargis exigeaient expressément que l'on fût héritier pour prétendre à la Légitime [1]. En Bourgogne et en Normandie, on admettait le principe opposé [2]. Mais en dehors de ces cas exceptionnels que décider ? Grande controverse. Un certain nombre de jurisconsultes, voyant dans la Légitime une dette plutôt qu'un droit héréditaire, soutenaient que dans le Droit coutumier la Légitime était *pars bonorum*.

Malgré cela, la majorité des anciens auteurs admettait la doctrine opposée, suivant laquelle il fallait se porter héritier pour prétendre à la Légitime. Le premier qui la formula fut Dumoulin : *Apud nos non habet legitimam, nisi qui heres est.* Guy-Coquille, Bourjon, Lebrun, Ricard, Pothier, admirent l'opinion du célèbre jurisconsulte. Voici le raisonnement qu'ils faisaient : en Droit coutumier *Deus solus facit heredes* ; l'héritier légitime est saisi ; de plein droit il a la propriété et la possession de la succession en vertu de la règle coutumière : *le mort saisit le vif son hoir le plus proche habile à succéder;* néanmoins, il pouvait répudier la succession en vertu de cette autre règle : *n'est héritier qui ne veut.* Quant au testateur, il ne peut disposer de ses biens que dans une certaine mesure. La Légitime n'était donc autre chose que la succession elle-même diminuée de la portion dont la Coutume avait autorisé le défunt à disposer à titre gratuit; et pour pouvoir réclamer cette Légitime, il fallait avoir la même qualité que

1. Art. 10, ch. xi. (Voir Richebourg, t. III, p. 846.)
2. Art. 2, ch. vii. (Voir Richebourg, t. II, p. 1175.)

pour prétendre à la succession elle-même, c'est-à-dire se porter héritier.

La doctrine de Dumoulin entraînait plusieurs conséquences : 1° de plein droit le légitimaire était saisi des objets composant sa Légitime, et dès l'instant du décès il avait droit aux fruits et aux intérêts des sommes d'argent ; 2° il pouvait exiger en nature les biens sur lesquels portent la Légitime; 3° en sa qualité de légitimaire, l'enfant avait tous les avantages attachés à la qualité d'héritier.

La Légitime avait été fixée, par les rédacteurs de la Nouvelle Coutume de Paris, à la moitié de la part que chaque enfant aurait eue *ab intestato.* Elle était attribuée aux seuls descendants.

Quels étaient parmi les légitimaires ceux dont il fallait tenir compte pour calculer la Légitime? D'abord, c'est évident, les légitimaires qui acceptaient. Quant aux renonçants, il fallait distinguer entre ceux qui n'avaient rien reçu de leur auteur et ceux qui avaient été gratifiés d'une libéralité. Les premiers étaient traités comme des étrangers, et par suite ne comptaient point pour le calcul de la Légitime ; celle-ci étant une portion de la part héréditaire *ab intestât*, il n'eût pas été juste que ceux qui avaient abdiqué le titre d'héritier vinssent faire part dans la Légitime pour diminuer les portions des autres enfants. Cette solution était adoptée par l'unanimité des auteurs. Les seconds, au contraire, faisaient part dans le calcul de la Légitime. On pensait, en effet, que si l'enfant donataire s'en tenait à sa donation, elle excédait ou au moins égalait sa Légitime.

En résumé, dans les Pays de Coutumes, devait être compté pour la supputation de la Légitime le renonçant *aliquo accepto*, ne devait pas être compté le renonçant *nullo accepto*.

Il ne nous reste plus pour terminer sur ce point qu'à nous demander si dans les Pays de Coutumes la Légitime était collective ou individuelle.

Hâtons-nous de répondre qu'elle avait conservé le même caractère qu'en Droit romain : elle était distributive et individuelle. La preuve certaine est dans l'article 298 de la Coutume de Paris : « La Légitime est la moitié de telle part et portion que *chacun enfant* eust eu... » La Légitime coutumière, comme la Légitime romaine, n'était donc qu'une portion de la part héréditaire que l'enfant eût recueillie s'il était venu à la succession *ab intestat;* et il ne pouvait prétendre à la portion que les autres ne prenaient pas, quoique capables de la recueillir.

III. — *De la Légitime dans les Pays de Droit écrit.*

Le Code Théodosien et les Novelles de Justinien formaient la base des institutions des Pays de Droit écrit ; aussi le système de la Légitime ne présentait-il que peu de différences avec celui de la Légitime romaine.

La Légitime était-elle *pars bonorum* ou *pars hereditatis ?* Hâtons-nous de dire que suivant l'opinion commune elle était *pars bonorum*, et cela malgré le système opposé enseigné par Domat (*Lois civiles*, liv. III, tit. III, sect. I, art. 1). Bartole, Dumoulin, Serres[1], Furgole[2], s'appuyant

---

1. Serres, *op. cit.,* liv. II, t. XVIII, § 1, p. 205.
2. Furgole, *Testaments*, ch. X, sect. II, p. 245.

sur la Novelle 92 de Justinien qui décidait que le légitimaire pouvait, sans prendre la qualité d'héritier, retenir la
Légitime sur les biens qui lui ont été donnés, soutenaient
que la Légitime dans les Pays de Droit écrit était une
quote-part des biens. Les conséquences principales de
cette théorie étaient : 1° que le légitimaire pouvait, sans
se porter héritier, recueillir sa Légitime ; 2° que le légitimaire n'était pas tenu personnellement des dettes de la
succession, puisque la Légitime ne se prenait qu'après
déduction des dettes.

La Légitime existait au profit des descendants et des
ascendants; à défaut, elle était due sous certaines conditions aux frères et sœurs ; sa quotité était celle de la
Novelle 18.

Quant à la computation des légitimaires, on faisait
dans les Pays de Droit écrit la même distinction que
dans les Pays de Coutumes entre l'héritier renonçant *nullo
accepto*, et l'héritier renonçant *aliquo accepto*.

A quel titre la Légitime devait-elle être laissée ? Avant
l'ordonnance de 1735, le Parlement de Paris, se fondant
sur la Novelle 115, exigeait qu'elle fût laissée à titre
d'héritier ; ce fut presque universellement admis. Toutefois, le Parlement de Bordeaux permettait de laisser la
Légitime à un titre quelconque (*quovis titulo*), et celui de
Toulouse admettait qu'elle fût laissée à titre singulier,
quand d'ailleurs un des enfants était institué héritier pour
le tout[1]. L'ordonnance de 1735 trancha la difficulté en
consacrant, dans son article 60, la jurisprudence des Parlements de Paris et Dijon : elle prononça la nullité de
l'institution et des dispositions universelles lorsque ceux

1. Bretonnier, *Questions*, v° Testament Légitime.

qui avaient droit à une Légitime ne se trouvaient pas institués dans le testament du défunt ; néanmoins, elle respecta les usages locaux différents (art. 55) ; les Parlements de Bordeaux et de Toulouse n'abandonnèrent donc pas leur jurisprudence.

Avant d'arriver à l'étude du Droit intermédiaire, nous pouvons résumer en deux formules les théories de notre ancien Droit sur la nature de la Réserve :

1° La Légitime romaine, comme la Légitime des Pays de Droit écrit, était attribuée aux enfants à raison de leur seule qualité d'enfants : c'était une *pars bonorum* qui ne dépendait pas de la qualité d'héritier.

2° Au contraire, la Réserve coutumière n'était pas attribuée à la seule qualité d'enfant : c'était une *pars hereditatis* ; on ne pouvait l'obtenir qu'en se portant héritier.

IV. — *Droit intermédiaire.*

Le monument le plus important de cette période est la loi du 17 Nivôse an II. Cette loi, dont le but fut le morcellement et le nivellement des fortunes, enleva au père le droit d'exhéréder ses enfants, maintint le droit de tester et de disposer de ses biens par donations entre-vifs ; mais elle le restreignit dans les limites les plus étroites : on ne pouvait disposer que du dixième de ses biens, si on avait des héritiers en ligne directe, ou du sixième, si l'on avait des héritiers collatéraux (art. 16, loi du 17 nivôse an II.)

On ne peut s'empêcher de blâmer énergiquement la loi de Nivôse an II, car elle a porté une très grave atteinte au

droit de propriété en supprimant presque un de ses attri-
buts essentiels, qui est le droit de disposer. Ce droit de
disposition d'un sixième ou d'un dixième était ridicule-
ment minime. La quotité indisponible était singulièrement
exagérée, notamment en faveur des collatéraux, quelquefois presque inconnus du défunt auxquels était accordée
une réserve de cinq sixièmes.

La loi du 4 germinal an VIII étendit le disponible ; elle
le détermina suivant le nombre des héritiers.

Une question délicate est celle de savoir quelle était la
nature de la portion indisponible organisée par la loi de
Nivôse. L'intérêt est considérable : si elle est une Réserve
coutumière, c'est un droit exclusivement héréditaire, ne
pouvant, dans aucun cas, appartenir aux héritiers renonçants ; si elle a le caractère de la Légitime de droit,
elle peut être retenue par le successible gratifié et renonçant.

D'après une opinion [1], la quotité indisponible de la
période intermédiaire serait une Légitime ; nous croyons,
au contraire, que la législation révolutionnaire consacre,
sur la nature de la Réserve, les principes du Droit coutumier. Dans la loi du 4 germinal comme dans celle de
Nivôse, la plus grande partie des biens sont toujours frap-
pés d'indisponibilité ; c'est dire qu'ils restent dans la succession du défunt qui n'a pas pu en disposer ; c'est l'hérédité elle-même, donc *il faut être héritier* pour recueillir
les biens réservés.

Du reste, l'article 9 de la loi de Nivôse an II fournit un
argument irréfutable : *Les héritiers ne pourront, même en
renonçant, se dispenser de rapporter ce qu'ils auront reçu à*

---

1. Ragon, *op. cit.*, t. I, n° 126, p. 226.

9

titre gratuit. C'est donc bien le principe de la Réserve coutumière qui a été adopté par la période intermédiaire[1].

V. — *Projets et texte définitif du Code civil.*

Qu'a fait le Code civil? A-t-il suivi les Coutumes et les lois de la Révolution, ou est-il revenu aux principes du Droit romain?

Nous allons nous efforcer d'établir que les législateurs de 1804 ont voulu maintenir les principes professés par les auteurs des Pays coutumiers et décider comme eux que la portion indisponible n'est qu'une fraction de la succession, qu'une *pars hereditatis.*

Disons tout de suite que les travaux préparatoires sont loin d'être clairs; on y voit les mots de *Légitime* et de *Réserve* employés souvent par les orateurs un peu au hasard. Ainsi, Tronchet parle de « fixer la *Légitime indisponible* que la loi *réserve* aux enfants », du *Légitimaire* auquel la loi accorde une *Réserve* pour le mettre à l'abri des dissipations de son père[2]. »

Cependant, si on lit les procès-verbaux de la séance du 5 ventôse an XI au Conseil d'État, on y voit que *tout le monde admettait le principe qu'il fallait être héritier pour avoir droit à la Réserve, pour pouvoir agir en réduction contre les donataires.* Ainsi, Réal dit « qu'à la vérité, l'action en demande de Légitime n'a été introduite qu'en faveur des enfants; mais l'enfant qui exerce cette action *fait*

1. En ce sens, Boissonade, *op. cit.*, p. 361; Coin-Delisle, *op. cit.*, n°ˢ 66 et 67; Demolombe, *Donations*, t. II; Labbé, *Revue pratique*, t. V, p. 317.
2. Fenet, XII, 572.

nécessairement acte d'héritier[1]. Emmery déclare « qu'il considère la réduction comme un privilège réservé aux légitimaires exclusivement; mais ils ne peuvent en faire usage *sans se porter héritiers*[2] ». Pour Portalis, « la Légitime est une portion de l'hérédité : *ce principe est incontestable*[3] ». Enfin, Bigot-Préameneu dit que « le légitimaire prend sa Légitime comme héritier »; qu' « il n'est pas possible de voir seulement *l'enfant* dans l'individu qui exerce la réduction, mais bien aussi *l'héritier*[4] ».

Que conclure de là? C'est que tous les membres du Conseil d'État avaient adhéré à un système qui considérait le principe d'une portion indisponible comme une faveur introduite au profit de ceux qui ont et qui acceptent la qualité *d'héritiers*.

Au surplus, les textes définitifs le prouvent surabondamment : article 915, § 2; article 917, où il est question des *héritiers* au profit desquels la loi fait une Réserve; articles 922, 924, 930; article 1004, qui prévoit l'hypothèse où, « au décès du testateur, il y a des *héritiers* auxquels une quotité de ses biens est *réservée*. » Enfin, l'article 1049 est remarquable, et on ne peut le comprendre qu'en admettant que la Réserve est une portion de l'hérédité. Mais le siège de la matière est l'article 913. Qu'y voyons-nous? Non une fixation directe de la Réserve, c'est de la portion disponible qu'il s'agit; la Réserve est déterminée d'une manière corrélative et tacite. Elle n'est pas attribuée à telle ou telle personne, le législateur la laisse où elle est dans la succession *ab intestat*; elle se

1. Fenet, XII, 837.
2. *Ibid.*, 839.
3. *Ibid.*, 841.
4. *Ibid.*, 843.

trouve dès lors soumise à toutes les règles qui gouvernent cette succession. Or, pour obtenir une succession *ab intestat* il faut être héritier, d'où il suit que pour réclamer la Réserve il faudra joindre ce titre d'héritier à la qualité de parents. Bref, le patrimoine de toute personne se divise en deux parties : le disponible, la Réserve. Le disponible peut être attribué à toute personne que le *de cujus* a voulu gratifier; la Réserve forme la succession *ab intestat* elle-même et est régie par les mêmes règles. La première objection faite à ce système est tirée de paroles prononcées par Maleville au Conseil d'État : « Ce n'est pas comme héritier, dit-il, que le légitimaire demande le retranchement de la donation, puisque, en cette qualité, il serait obligé de maintenir cette donation ; c'est comme enfant et non comme héritier [1]. »

Nous répondons que ces paroles ne prouvent pas que Maleville pensait autrement que tous ses collègues. Comme tout le monde, il pensait que l'enfant ne peut, s'il renonce, avoir droit à la Réserve. Cela n'est pas douteux, en présence de cette réponse qu'il fit à Réal : « Sans doute, le légitimaire qui aurait répudié l'hérédité de son père ne serait pas reçu à quereller les donations. » Maleville a voulu faire une distinction subtile et indiquer que la qualité d'héritier, quoique nécessaire, n'était pas suffisante pour avoir droit à la Réserve, et qu'à cette qualité il fallait joindre celle d'enfant.

La deuxième objection paraît plus fondée; c'est la seule sérieuse. Elle résulte des observations présentées par le Tribunat sur la rédaction primitive de l'article 924, et du

1. Fenet, XII, p. 345.

changement que cet article a subi à la suite de ces observations.

A propos de l'action en réduction, le Tribunat présenta
les observations suivantes : « L'action en réduction est un
droit purement personnel. Il est réclamé par l'individu
comme *enfant*, abstraction faite de la qualité *d'héritier*,
qu'il peut prendre ou non; s'il en était autrement, il
arriverait souvent que l'action en réduction serait illusoire[1]. »

Il faut évidemment reconnaître que le Tribunat n'exigeait pas la qualité d'héritier pour que l'on pût réclamer
la portion indisponible, et que sa proposition fut admise
par le Conseil d'État; le tout est de savoir pour quels
motifs. Est-ce pour les raisons données par le Tribunat?
Évidemment non. Si le Conseil d'État accueillit la proposition admise par le Tribunat, ce ne fut pas par le motif
que l'action en réduction appartenait à l'enfant, abstraction faite de la qualité d'héritier, « mais, nous disent
MM. Aubry et Rau, par cette raison péremptoire présentée
par Tronchet, que si les créanciers étaient admis à se ven-
ger sur les biens recouvrés par la réduction des donations
entre-vifs, ils profiteraient, au détriment des héritiers à
réserve, d'un droit qui n'est introduit qu'en faveur de ces
derniers. »

Du reste, est-il raisonnable d'admettre que sans discussion, même sans observation, le Conseil d'État ait
abandonné incidemment l'idée principale de son système
qu'il faut être héritier pour avoir droit à la Réserve? Ce
que tous avaient adopté ne peut avoir disparu sans une
seule protestation.

1. Fenet, p. 448.

D'ailleurs, en vertu de quel autre titre le réservataire pourrait-il réclamer la portion indisponible? L'article 711 dit que la propriété des biens s'acquiert et se transmet par *succession*, par *donation entre-vifs* ou *testamentaire* et par *l'effet des obligations*. Or, le réservataire ne peut pas invoquer le titre de donataire ou de légataire, puisque le défunt ne lui a rien donné ou légué, ni le titre de créancier, car il n'a point contracté avec lui. La Réserve doit donc être comprise dans la succession, et c'est au même titre, celui d'héritier, qu'elle doit être recueillie.

La Réserve est donc une part de la succession *ab intestat*, et dans l'intention des rédacteurs du Code civil, d'après l'esprit et les textes de la loi, il faut être héritier pour pouvoir la réclamer. Qu'en résulte-t-il? C'est que pour le calcul de la Réserve, pour déterminer le montant de cette quotité indisponible sur les bases de l'article 913, il ne faut compter que les héritiers. Or, le renonçant est-il héritier? L'article 785 nous répond que « l'héritier qui renonce est censé n'avoir jamais été héritier. » Donc le renonçant ne doit pas être compté pour le calcul de la Réserve. Et cependant cette déduction logique des principes n'est pas admise par tout le monde; la solution contraire prévaut même en jurisprudence. Avant de la critiquer, faisons remarquer que la question se pose seulement au cas où le défunt a laissé à son décès moins de quatre enfants; s'il en laisse quatre ou davantage, peu importe la renonciation de l'un d'entre eux, la quotité disponible sera toujours fixée au quart de la succession (art. 913).

Un exemple va faire saisir tout l'intérêt qui s'attache à la solution de cette difficulté. Un père laisse à sa mort trois enfants, dont l'un, donataire en avancement d'hoirie,

renonce à la succession. Ce dernier doit-il être compté
pour la fixation du disponible ? Si oui, la Réserve sera des
trois quarts et le disponible du quart ; si non, on calculera
comme s'il n'y avait que deux enfants ; la réserve sera
alors des deux tiers et le disponible du tiers.

Nous n'hésitons pas à dire que *ceux-là seuls font nombre qui viennent à la succession. L'héritier qui renonce étant
un étranger ne doit pas être compté pour le calcul de la
Réserve.*

On invoque en sens contraire (et c'est l'argument capital de l'opinion opposée) les termes de l'article 913 :
« S'il ne *laisse* à son décès qu'un enfant légitime. . s'il
laisse deux enfants... s'il en *laisse* trois ou un plus grand
nombre. » Ce texte, dit-on, est tout à fait étranger à la
question de savoir si les enfants acceptent ou renoncent ;
il ne se préoccupe que de leur nombre. La quotité disponible est fixée une fois pour toutes et d'une manière
invariable ; elle ne peut être modifiée par des événements
postérieurs ; le parti que prend tel ou tel héritier à la
mort de l'auteur commun ne saurait la restreindre ou
l'augmenter.

On s'appuie, en outre, sur l'article 786, aux termes
duquel la part du renonçant accroit à ses cohéritiers ;
c'est à eux exclusivement que doit accroître cette part,
puisque la Réserve est collective et n'est pas attribuée
divisément à chaque enfant. Or, l'article 786 est violé, si
on dit que l'enfant renonçant ne doit pas être compté ;
car la part qu'il aurait eue dans la réserve, s'il avait
accepté la succession, profitera aux autres enfants acceptants et aux *donataires et légataires.*

1. Ragon, *op. cit.*, t. II, p. 40.

On ajoute enfin que l'esprit de la loi est en faveur de cette théorie. Le droit de disposition ne doit pas être subordonné à des éventualités imprévues. Le législateur a voulu qu'il n'y ait pas d'incertitudes dans l'esprit du père de famille, et s'est exprimé d'une façon mathématique dans l'article 913. La renonciation d'un enfant, manifestée après la mort de son auteur, ne peut avoir pour effet d'accroître la faculté de disposer.

Essayons de réfuter ces arguments. Il faut d'abord se rendre un compte exact du sens que la loi attache à cette expression *laisse des enfants*, et tout démontre qu'elle doit être prise dans le sens de *laisser comme héritiers*. La simple lecture des quelques articles du titre *des Successions et des Donations* (746, 748, 749, 750, 757, 758, 915) le prouve surabondamment. Prenons l'article 746. D'après ce texte, la succession passe aux ascendants « si le défunt n'a *laissé* ni postérité, ni frère, ni sœur, ni descendants d'eux. » Supposons que les descendants, les frères ou sœurs, ou descendants d'eux renoncent ; en conclucra-t-on que les ascendants ne pourront pas recueillir la succession ? Ce serait admettre que la loi a voulu consacrer un non-sens. Le mot *laisser* doit donc être entendu dans le sens de *laisser comme héritiers*. De même dans l'article 915 : « Les libéralités par actes entre-vifs ou par testament, dit ce texte, ne pourront excéder la moitié des biens si, à défaut d'enfant, le défunt *laisse* un ou plusieurs ascendants dans chacune des lignes paternelle et maternelle. » Même raisonnement que pour l'article 746 : si tous les ascendants de la ligne paternelle renoncent, on ne pourra certes pas en conclure que le disponible n'est que de la moitié parce que le défunt a *laissé* des ascendants dans cette ligne. Nous pouvons même ajouter que lorsque la

loi, dans l'article 913, a déterminé la quotité disponible
et implicitement la Réserve, elle a eu en vue le *quod ple-*
rumque fit, le cas le plus fréquent et le plus naturel,
celui où les enfants viennent au partage, recueillent la
succession, c'est-à-dire confirment par leur acceptation
le titre d'héritiers qu'ils avaient déjà. L'article 922
éclaire l'article 913. « Le texte, dit fort bien M. Lagrange [1], porte qu'après la composition de la masse
active, on calcule sur tous ses biens, eu égard à *la qualité*
des héritiers qu'il laisse, la quotité dont le défunt a pu
disposer. Ce sont donc des *héritiers* que la loi a en vue
dans la fixation de la Réserve. Mais l'article 922 aurait
dû dire : eu égard à la qualité *et au nombre* des héritiers.
Le projet parlait seulement de la qualité des héritiers,
parce qu'il ne tenait pas compte du nombre, la quotité
disponible étant (d'après l'art. 16) invariablement du
quart quand il avait des enfants, de la moitié quand il y
avait des ascendants ou des frères et sœurs, et des trois
quarts quand il y avait des neveux. On n'a pas remarqué
que le changement de ce principe entraînait un changement dans la rédaction de l'article 922. »

Nos adversaires argumentent en second lieu de l'article 786. D'abord, il faut lire ce texte en entier. Il ne dit
pas seulement que la part du renonçant accroît à ses
cohéritiers ; il ajoute, *s'il est seul, elle est dévolue au degré*
subséquent. « Il y a longtemps, dit M. Boissonade [2], qu'on
a signalé l'impossibilité de prendre cet article à la lettre, »
et cela, ajoutons-nous, avec grande raison ; on arriverait,

1. Lagrange, dans la *Revue de Droit français et étranger*,
t. I, 1844, p. 428, note 1.
2. Boissonade, *op. cit.*, p. 685.

en effet, à des résultats absurdes que quelques mots suffi-
ront à montrer. La seconde partie de l'article 786 étant
intimement liée à la première, on est conduit à dire que
si l'héritier en ligne directe descendante renonce à la
succession, sa Réserve doit être dévolue aux ascendants.
En poussant le raisonnement jusqu'à ses dernières limites,
on constate qu'au cas de renonciation des ascendants, la
réserve sera dévolue aux collatéraux, auxquels cependant
aucune Réserve n'est accordée. Ce résultat est inadmissible. « Bien entendu, nos adversaires ne vont pas jusque-là :
ce serait l'absurde. Mais alors[1] ? » Puisque la dévolution
de la réserve est impossible, n'est-il pas inconséquent de
prétendre qu'il y a accroissement de la part entière du
renonçant dans la Réserve au profit des coréservataires ?

Au surplus, l'article 786 est une conséquence de l'article 785; mais il faudrait se garder d'appliquer rigoureusement la formule de ce texte. Sans doute, la part devenue vacante par la renonciation d'un des cohéritiers
profite aux autres, mais elle ne profite pas toujours à
chacun d'eux. Ainsi, lorsqu'une succession doit se partager entre les deux lignes de parenté du défunt, la renonciation de l'un des héritiers d'une ligne ne profitera qu'aux
cohéritiers de sa ligne et non à ceux de l'autre; de même
si le *de cujus* laisse son père et deux frères, si l'un des
frères renonce, sa part reviendra tout entière à l'autre
frère, non au père. Ces points ne font plus de doute aujourd'hui à l'École et suffisent amplement à démontrer
que les termes de l'article 786 sont impropres. Ce que la
loi veut dire dans l'article 786, c'est que le renonçant
n'existant pas par rapport à la succession, celle-ci doit

1. Boissonade, *op. cit.*, p. 686.

être partagée comme s'il n'y avait jamais été appelé; de
sorte que sa renonciation profite à tous ceux auxquels son
acceptation aurait fait préjudice. Les mêmes principes
doivent être appliqués à la Réserve. Celle-ci doit être
déterminée comme si le renonçant n'avait jamais eu de
vocation héréditaire, et dès lors sa renonciation ne faisant
plus obstacle à personne doit profiter à ceux auxquels sa
présence eût été nuisible. Prenons un exemple. Le défunt
laisse trois enfants et un légataire universel : un des enfants renonce; s'il n'avait pas pris ce parti, la quotité
disponible serait du quart, la Réserve des trois quarts;
s'il n'avait jamais eu de vocation héréditaire, le disponible aurait été du tiers et la Réserve des deux tiers. Donc,
son acceptation aurait nui également aux autres enfants
venant à la succession et au légataire universel; par
conséquent sa renonciation doit profiter aux uns et aux
autres. Ce résultat découle de l'article 786 sainement
entendu.

Enfin, nos adversaires s'appuient sur la manière invariable dont la Réserve est fixée et sur l'étendue du droit
de disposer, non susceptible d'accroissement après la mort
du père de famille. Tel est, en particulier, l'avis de
MM. Coin-Delisle et Troplong.

« Voilà un principe bien étrange, dit M. Ragon[1]; la disponibilité n'est-elle pas ambulatoire et changeante depuis
le jour de la donation et du testament jusqu'au jour du
décès et même jusqu'à l'acceptation ou la répudiation de
la succession? La perte des enfants, survenue entre la
confection du testament et la mort de leur père, change
son disponible; leur renonciation, lorsqu'ils lui ont sur-

1. Ragon, *op. cit.*, t. II, p. 62.

vécu, le change également. Cela est élémentaire. C'est l'effet propre de toute renonciation de déplacer et de modifier la succession à laquelle elle s'applique, succession ordinaire comme succession réservée. Est-ce que la renonciation d'un enfant unique ne substitue pas la Réserve de l'article 915 à celle de l'article 913? (M. Labbé seul le nie.) Est-ce que la renonciation des ascendants ne ferait pas évanouir toute Réserve? Voilà des faits posthumes qui font singulièrement varier la disponibilité. *Il n'y a pas une renonciation, pas une, qui n'ait son influence sur la succession renoncée.*

Il nous semble avoir démontré dans ce Chapitre la proposition fondamentale qu'il était nécessaire de connaître avant d'aborder les effets du don en avancement d'hoirie fait à un héritier réservataire. La Réserve légale n'est pas attribuée à la seule qualité d'enfant, il faut y joindre celle d'héritier. Conséquence : *le renonçant ne doit pas faire nombre pour le calcul de la Réserve.*

La jurisprudence de la Cour de cassation admet bien la première partie de cette proposition ; elle rejette la seconde en décidant que le renonçant doit faire nombre pour le calcul de la Réserve.

Cette manière de voir prête le flanc à la critique, aussi bien par les arguments juridiques qu'elle invoque et que nous venons de réfuter, que par les conséquences illogiques auxquelles elle aboutit.

La question fut décidée par la Cour de cassation pour la première fois dans l'arrêt Laroque de Mons en 1818, arrêt sur lequel nous aurons à insister bientôt.

Il est vrai que dans l'espèce soumise à la Cour suprême peu importait qu'on comptât ou non l'enfant renonçant

pour le calcul de la Réserve. Mme Laroque de Mons laissait, en effet, six enfants, et dans ce cas, comme nous
l'avons déjà fait remarquer, la quotité disponible restait
toujours fixée au quart, même après la renonciation d'un
des successibles. Mais on s'empara bientôt du principe
inséré dans un des considérants de l'arrêt de 1818, pour
en faire une théorie que nous devons énergiquement critiquer.

Faisons remarquer tout d'abord que la Cour de cassation viole les règles les plus élémentaires de la logique
en décidant, d'une part, que le renonçant cesse d'être
Réservataire en même temps qu'il cesse d'être héritier,
et, d'autre part, qu'il doit compter pour le calcul de la
Réserve. « Si vous partagez, dit M. Ragon, l'erreur des
jurisconsultes qui dénient (au renonçant) le droit de retenir la Réserve, gardez-vous de le compter, sous peine
d'inconséquence. La logique vous le défend[1]. »

Quel est, en effet, le raisonnement de la Cour de cassation ? A la mort d'une personne, le montant de la Réserve est invariablement fixé par le nombre des enfants
laissés au décès; et conformément à l'article 786, la part
du renonçant doit accroître aux autres héritiers.

Déduisons les conséquences du principe posé, et supposons que le défunt ne laisse qu'un enfant. Cet enfant renonce à la succession de son père; l'héritier le plus rap-
proché est un collatéral. Personne sans doute ne préten-
dra qu'un collatéral puisse réclamer par dévolution la
Réserve. La jurisprudence repousse évidemment cette
conséquence. Mais n'est-ce pas le résultat inévitable du
principe faux qu'elle admet? On arrive alors, selon l'ex-

1. Ragon, op. cit., t. II, p. 67.

pression très juste d'un de nos professeurs, à avoir une
« Réserve sans réservataires, »

Voilà pour la théorie. Au point de vue pratique, les
inconvénients de la doctrine que nous combattons ne sont
pas moins grands : l'enfant renonçant fait nombre contre
lui-même. C'est à son préjudice qu'on le compte pour le
calcul de la Réserve. M. Valette, à propos de l'arrêt Laroque de Mons qui consacre le système du non-cumul, a
souvent exprimé le regret que cet arrêt, digne d'approba-
tion sur tout le reste, ait compté l'enfant renonçant pour
le calcul de la Réserve. « On aurait dû, dit-il, en retran-
cher cette malencontreuse idée... N'est-il pas absurde qu'un
enfant donataire qui renonce à la succession *fasse nombre*
contre *lui-même*; que si, par exemple, on suppose un autre
enfant qui accepte, le premier ne puisse garder la libéralité que jusqu'à concurrence du *tiers des biens*, tandis que
s'il était étranger il la garderait jusqu'à concurrence de
la moitié[1]?

Un exemple va nous montrer combien est fondée la
judicieuse observation de M. Valette. Le donateur meurt
laissant 60,000 francs de fortune. De ses deux enfants
appelés à recueillir la succession, l'un, à l'occasion de son
mariage, a été gratifié d'un don en avancement d'hoirie
s'élevant à la somme de 30,000 francs. Il renonce à la succession paternelle pour s'en tenir au don qui lui a été
fait. Il n'y a donc plus que 30,000 francs. L'autre héritier, non gratifié, accepte. Comment les choses vont-elles
se passer? D'après nous, d'une façon bien simple. L'héritier renonçant ne devant pas être compté pour le calcul
de la Réserve, la quotité disponible sera de la moitié, puis-

1. Valette, *Mélanges*, t. I, p. 278.

qu'il n'y a qu'un seul héritier. Le donataire gratifié gardera son don entièrement, soit 30,000 francs; son frère, acceptant la succession paternelle, recueillera également 30,000 francs.

Le résultat auquel aboutit la théorie opposée est loin d'être le même. Dans notre hypothèse, on tient compte de l'héritier renonçant comme de l'héritier acceptant, et la quotité disponible est fixée au tiers. Il en résulte que le donataire gratifié ne pourra conserver sa donation que dans la limite de cette quotité disponible et devra subir une réduction de 10,000 francs, qui viendra augmenter d'autant la part de l'héritier acceptant. Or, qu'arriverait-il si le don au lieu d'avoir été fait à un réservataire avait été fait à un étranger? Ce dernier n'aurait pas eu à subir de réduction et aurait gardé intact le bénéfice de la libéralité. M. Valette n'avait-il donc pas raison de dire que l'enfant donataire qui renonce *fait nombre contre lui-même?*

Cette considération n'a pas eu assez de force pour faire revenir la jurisprudence sur une erreur dans laquelle elle persiste encore. La Cour de Paris, notamment, ne semble pas devoir l'abandonner encore. En effet, après avoir infirmé un jugement du Tribunal de la Seine[1], qui à bon droit, ne comptait pas l'héritier renonçant pour le calcul de la Réserve, elle a persisté dans sa manière de voir, dans un arrêt récent du 18 février 1886[2].

Nous relevons au contraire certaines décisions de Cours d'appel, qui nous font espérer que la Cour de cassation reviendra un jour sur sa jurisprudence[3].

1. Sirey, 1866, 2, 298.
2. Sirey, 1868, 2, 225.
3. Cour de Rennes, 10 août 1863; Cour de Pau, 20 mai 1865;

Au point où nous en sommes arrivés, nous pouvons aisément dégager une idée générale : à toutes les époques, le patrimoine du père de famille a été divisé en deux parties, l'une disponible, l'autre réservée à une certaine catégorie de successibles. Quotité disponible et Réserve ! deux fractions d'un même tout sur lesquelles porteront toutes les explications que nous donnerons au sujet des Effets du don en avancement d'hoirie *fait à un héritier réservataire*. Occupons-nous, en premier lieu, dans le Chapitre III, de l'un des partis que peut prendre cet héritier, c'est-à-dire l'acceptation de la succession du donateur.

Cour de Montpellier (confirmant un jugement du Tribunal de Millau), 23 mai 1866. — Voir Sirey 1866, 2, 220, et 1867, 2, 235.

CHAPITRE III.

Du don en avancement d'hoirie fait à un héritier réservataire qui accepte la succession.

1. *Remarques préliminaires. — Distinction entre l'imputation et le rapport.*

Avant d'aborder l'étude de ce Chapitre, il nous paraît indispensable de présenter une observation importante.

Le *de cujus*, libre, dans une certaine limite, de la disposition de son patrimoine, a pu, au lieu de gratifier un de ses successibles, faire des libéralités à des étrangers. Son patrimoine, nous l'avons déjà dit, se compose de la Réserve et de la quotité disponible. Sur quelle partie va-t-on imputer les libéralités faites à des non-successibles? En d'autres termes, va-t-on les prendre sur la Réserve ou sur la quotité disponible?

La réponse pour le cas qui nous occupe est bien simple, et nous pouvons dire, sans hésiter, que de semblables donations, qu'elles soient directes ou indirectes, s'imputent toujours sur la quotité disponible. Il ne peut être question de Réserve que lorsqu'il y a des héritiers, au sens technique du mot, c'est-à-dire les seuls parents en ligne directe, descendants et ascendants légitimes. Les

10

collatéraux en général, et les frères et sœurs en particulier, ne jouissent d'aucune Réserve.

Il est du reste fort rare qu'un don en avancement d'hoirie soit fait à un héritier non réservataire. Le plus souvent, presque toujours pourrait-on dire, c'est un père de
famille qui, à l'occasion du mariage de son fils, gratifie ce
dernier d'une semblable libéralité. Le fils est au premier
chef un héritier réservataire, et la question se complique
alors.

Il faut, en effet, envisager séparément les deux frac-
tions du patrimoine du donateur. Laquelle des deux
payera la dette qu'il a volontairement contractée envers
son successible réservataire? Ce successible prendra-t-il
la libéralité qui lui a été faite en déduction de la part de
Réserve que la loi lui attribue? ou bien faudra-t-il décider qu'il pourra avoir intacte sa part de Réserve, et qu'il
déduira à son profit, sur la quotité disponible, le don en
avancement d'hoirie? En un mot, le don en avancement
d'hoirie fait à un successible réservataire doit-il s'imputer
sur la Réserve ou sur la Quotité disponible?

Il faut distinguer suivant que le donataire accepte la
succession du donateur ou y renonce.

La première hypothèse sera seule examinée dans ce
chapitre; c'est la plus simple, mais on ne doit pas négli-
ger de l'approfondir, car les questions qu'elle soulève
sont délicates et difficiles à résoudre.

On devrait, pour l'un comme pour l'autre cas, partir
du même principe; se demander toujours : quelle a été
la volonté du *de cujus*; c'est là le critérium essentiel qu'il
faudrait ne jamais perdre de vue.

Si nous donnions un peu de développement à cette
idée, nous dirions que lorsqu'un père fait à l'un de ses

enfants une donation en avancement d'hoirie, il lui laisse
sans doute la faculté de ne point se porter héritier et de
retenir son don, mais il entend aussi et avant tout que
l'égalité ne soit pas rompue entre ses héritiers.

Bien plus, le père de famille sait très bien que son fils
donataire a droit à une part de Réserve, et il veut que
l'avantage résultant de la donation se confonde avec cette
part; en cela, il est guidé par un but naturel, celui de
pouvoir librement affecter la Quotité disponible à des
libéralités faites à des étrangers ou à des dons préciputaires. Quel est le sens, quelle est la portée de la clause
d'avancement d'hoirie? Le donataire héritier ainsi gratifié
a reçu sa part d'hoirie, sa portion d'héritage. En acceptant plus tard la succession du donateur, il se soumettra
à une double obligation : d'abord, rapporter à ses frères
le bénéfice provenant du don, afin que l'égalité ne soit
pas rompue; ensuite, imputer ce bénéfice sur sa part de
Réserve, afin de laisser aux donataires ou légataires du
disponible la possibilité de recueillir tout le profit des
libéralités faites en leur faveur.

Et ces deux obligations sont absolument distinctes. Le
rapport et l'imputation sont deux opérations différentes. Le
rapport, en effet, est la remise effective d'un bien donné
dans la masse héréditaire; l'imputation, au contraire,
n'est qu'un procédé de calcul qui n'aboutit jamais à cette
remise effective du bien donné. Etablir entre cohéritiers
l'égalité la plus parfaite, tel est le rôle du rapport; déterminer exactement les charges qui doivent peser soit sur
le disponible, soit sur l'indisponible, tel est le rôle de
l'imputation.

Néanmoins, on ne saurait trop reconnaître qu'une connexité évidente existe entre l'imputation sur la Réserve

et le rapport; car lorsqu'il y a plusieurs héritiers, tout ce qui est imputable sur la Réserve est rapportable et tout ce qui n'est point rapportable n'est point imputable. Il peut, en outre, y avoir lieu à imputation sans qu'il y ait lieu à rapport. En effet, un héritier ne peut rapporter que s'il a des cohéritiers, s'il n'est pas héritier unique; au contraire, un héritier même unique doit imputer les libéralités par lui reçues du défunt sur sa Réserve dès l'instant que le défunt a fait d'autres donataires ou légataires.

II. *L'excédant du don en avancement d'hoirie sur la part du donataire dans la Réserve s'impute-t-il sur la Réserve en masse, en laissant intacte la Quotité disponible? S'impute-t-il au contraire sur la Quotité disponible? Position de la question. — Intérêt du choix entre les deux procédés.*

D'après les idées générales qui viennent d'être exposées en recherchant quelle a été l'intention du *de cujus*, on peut affirmer incontestablement que le donataire en avancement d'hoirie acceptant doit imputer sur sa part de Réserve tout l'avantage provenant de la libéralité par lui reçue. C'est là le principal et le plus important effet de cette libéralité, et tout serait dit à ce sujet, si le don en avancement d'hoirie n'excédait pas souvent la part du donataire dans la Réserve. Il n'est pas douteux qu'en employant ce mode de libéralité le défunt n'ait voulu conserver la faculté de disposer au profit d'étrangers dans la mesure où la loi l'y autorise.

Ce qui est certain c'est que, si par la libéralité qui lui a été faite le successible n'a reçu exactement que le montant de sa part héréditaire, il n'aura rien à restituer et rien à recevoir; d'autre part, les étrangers donataires ou les héritiers précipulaires pourront retenir ou réclamer les dons qui leur auront été conférés, sans craindre aucune contestation de la part des héritiers non avantagés du donateur, et cela bien que leur titre soit postérieur au don en avancement d'hoirie.

Un exemple rendra plus évident ce que nous venons d'indiquer d'une manière abstraite; du reste, dans les discussions auxquelles nous serons obligés de nous livrer, les mêmes chiffres seront conservés pour la commodité du raisonnement, et afin de rendre plus faciles les comparaisons qu'on voudrait faire.

Un père laisse cinq enfants et 100,000 francs de fortune. Dans ce cas, l'article 913 C. ne l'autorise à disposer en faveur d'étrangers que du quart de ses biens, soit 25,000 francs; c'est dire implicitement que la Réserve au profit de ses cinq enfants est de 75,000 francs, soit 15,000 francs pour chacun. Supposons qu'à l'occasion du mariage de l'un de ses fils le *de cujus* l'ait gratifié en avancement d'hoirie d'une somme de 15,000 francs; que se passera-t-il au moment de l'ouverture de la succession si l'enfant donataire accepte? Les choses resteront en l'état. Le successible gratifié ne rapportera rien à ses frères, mais ne recevra rien d'eux, car il a reçu un don égal à sa part de réserve; pendant tout l'intervalle de temps qui s'est écoulé depuis la donation jusqu'au jour du décès du donateur, il a joui par avance de sa part de succession. C'est dans cette hypothèse que l'expression d'*avancement d'hoirie* sortit sa parfaite signification.

Mais on peut dire que ce cas rigoureusement mathématique appartient presque exclusivement au domaine de la théorie; dans la réalité des faits les choses ne se passent

pas aussi simplement, et presque toujours le don en avancement d'hoirie est supérieur à la part de réserve du
successible gratifié.

Pour conserver le même exemple, supposons qu'au lieu
de 15,000 francs un des enfants en ait reçu 20,000 et
que la quotité disponible (dans l'espèce, 25,000 francs)
ait été léguée à un étranger.

Il est évident que le don en avancement d'hoirie de
20,000 francs va s'imputer jusqu'à concurrence de 15,000
sur la part de réserve du successible. Mais que va-t-on
faire de l'excédant ? Sur quoi va-t-on imputer les 5,000
francs que le donataire en avancement d'hoirie a reçus
en sus de sa part héréditaire? sur la Réserve des cohéritiers du donataire, ou, au contraire, sur la Quotité disponible? C'est sous cette forme que la question se pose.

Sur ce point règne une vive controverse qui a divisé
les noms les plus considérables dans la science juridique.
MM. Aubry et Rau eux-mêmes n'ont pas toujours persisté dans l'opinion qu'ils avaient tout d'abord adoptée.
En effet, dans leur 3e édition (t. V, p. 572, § 684 ter,
texte et note 14), ils admettent la doctrine d'après laquelle
le don en avancement d'hoirie fait au successible acceptant doit s'imputer d'abord sur sa Réserve et pour l'excédant sur la Quotité disponible. Cette manière de voir est
aujourd'hui adoptée par MM. Ragon [1], Labbé [2], Laurent [3],
Taulier [4], Demante [5], Beautemps-Beaupré [6]. Au contraire,

1. Ragon, op. cit., t. II, p. 155.
2. Labbé, Revue pratique, XI, pp. 209 et 257; XII, p. 78.
3. Laurent, t. XII, nos 84 et 108.
4. Taulier, Th. du Code civil, t. III, p. 322.
5. Demante, Revue critique, t. II, p. 163.
6. Beautemps-Beaupré, De la portion disponible, t. II, nos 860
et 861.

dans leur 4e édition (t. VII, p. 215, § 684 ter, texte et note 36), MM. Aubry et Rau se déclarent partisans de la théorie de l'imputation en masse sur la Réserve. En ce sens, MM. Coin-Delisle[1], Vernet[2], Mourlon[3], Demolombe[4], Troplong[5], etc. Ajoutons que cette dernière opinion nous paraît préférable.

Nous admettons que la donation en avancement d'hoirie doit être imputée sur la Réserve en masse, c'est-à-dire qu'elle doit être imputée sur toute la partie de la succession réservée aux héritiers; les réservataires non gratifiés devront être remplis de leur part dans la Réserve, par suite du rapport auquel l'héritier donataire en avancement d'hoirie, supposé solvable, sera tenu vis-à-vis d'eux.

L'intérêt du choix entre les deux procédés d'imputation est considérable. Si l'imputation porte sur la Réserve en masse des cohéritiers du donataire, les droits des étrangers qui ont reçu des libéralités ou ceux des préciputaires ne recevront aucune atteinte; au contraire, si l'imputation porte sur la Quotité disponible, ces droits se trouveront réduits à cette quotité, diminuée de tout l'excédant du don sur la part de Réserve du donataire.

« L'intérêt du choix entre les deux procédés d'imputation, dit M. Labbé[6], apparaît quand il existe des libéralités postérieures au don en avancement d'hoirie. Si les valeurs données en avance de succession s'imputent sur la part du donataire dans la Réserve, puis sur le disponi-

1. Coin-Delisle, op. cit., nos 237 et 258.
2. Vernet, Revue pratique, XI, p. 449; XII, p. 413.
3. Mourlon, Répétitions écrites, t. II, p. 266.
4. Demolombe, XIX, 488, 489.
5. Troplong, II, 982-1012.
6. Note sous un arrêt de la Cour d'Agen du 31 décembre 1879, Sirey, 80. 2. 97.

ble, cela peut, en mordant sur le disponible, mettre
obstacle à l'exécution des libéralités postérieures. Les
réserves des autres héritiers se prendront sur les biens
laissés au décès, et le don en avancement d'hoirie ne
souffrant pas des dons ou legs postérieurs qu'il prime,
subsistera en son entier, tout au moins tant qu'il n'excé-
dera pas la part de l'héritier donataire : 1° dans la
Réserve ; 2° dans le Disponible. Au contraire, si les
valeurs avancées sur la succession s'imputent sur la
Réserve totale des héritiers, deux conséquences en résul-
teront : d'une part, le disponible sera dégagé de tout le
poids que portera la Réserve, les donataires gratifiés postérieurement en profiteront; d'autre part, l'héritier bénéficiaire de l'avancement d'hoirie sera forcé de fournir à
ses cohéritiers le montant de leur Réserve. »

Nous pouvons maintenant étudier dans leurs détails les
deux principaux systèmes d'imputation.

III. *Examen de l'un et de l'autre mode d'imputation. —
Adoption du premier. (Sur la Réserve en masse.)*

Pour soutenir leur opinion, les partisans de l'imputation de l'excédant du don en avancement d'hoirie sur la
Quotité disponible invoquent d'abord l'article 857 du
Code civil. D'après cet article, le rapport ne doit pas profiter aux donataires ou légataires. Ils n'ont droit à l'imputation qu'à la condition qu'elle se fasse conformément aux
droits de chacun ; or, la donation faite à l'un des réservataires ne peut certainement pas comprendre une partie de la réserve des autres, elle ne peut comprendre que
sa part de Réserve, plus tout ou partie de la Quotité disponible; l'imputation, en tant qu'elle se fait sur la Ré-

— 153 —

serve, ne peut donc se faire que sur la part de cet héritier.

Des textes, nos adversaires passent aux principes et distinguent la règle de l'irrévocabilité des donations de la règle beaucoup plus générale de l'irrévocabilité des contrats. D'après la première, disent-ils, le donateur ne peut jamais insérer dans la donation des conditions purement potestatives de sa part ; c'est la règle bien connue « donner et retenir ne vaut. » D'après la seconde, tout contrat et, par conséquent, toute donation est irrévocable, en ce sens que librement formée par la volonté des parties, le contrat ne peut plus être rompu que par le mutuel dissentiment. Le seul nom d'avancement d'hoirie n'a pas pour effet d'indiquer une mesure à laquelle la libéralité pourra être réduite. « Tenons pour certain, dit M. Labbé[1], que l'auteur d'une libéralité faite en avancement d'hoirie doit exprimer avec une clarté parfaite les facultés de révocation directe ou indirecte qu'il entend se réserver. » Donc, dans les donations comme dans tous les contrats, les conditions doivent être clairement exprimées pour que toute surprise soit évitée entre les parties. Le principe général de l'irrévocabilité des conventions s'oppose à ce que l'on sous-entende dans le don en avancement d'hoirie la faculté pour le donateur de réduire ultérieurement la donation dans le cas où le donataire accepte la succession.

Ce principe de l'irrévocabilité des conventions est violé, nous dit-on, par le système de l'imputation sur la réserve en masse. En effet, d'après l'exemple donné plus haut, on sait que le donataire en avancement d'hoirie a reçu 20,000 francs, c'est-à-dire une somme supérieure

1. *Revue pratique*, XI, p. 265.

de 5,000 francs à sa part de réserve ; il accepte la succession. Le donataire ou le légataire du disponible prendra tout ce qui lui a été donné, soit ici 25,000 francs. L'excédant de 5,000 francs servira à compléter la Réserve des quatre autres cohéritiers, auxquels le donataire en avancement d'hoirie sera obligé de remettre 1,250 francs. La libéralité qui lui est faite se trouve réduite par le fait même que le défunt a disposé de la quotité disponible postérieurement au don en avancement d'hoirie. Il y a donc, concluent nos adversaires, révocation partielle de la donation première en date, sans qu'aucune indication ait pu avertir le donataire du danger qu'il courait en acceptant la donation.

Enfin, on nous reproche d'oublier trop facilement de consulter l'intention du donataire et de ne parler toujours que du respect dû à la volonté du donateur. Ainsi, quand le donataire accepte la libéralité, il entend accepter sa part future dans l'hérédité paternelle, sa part composée de deux éléments : une partie de la Réserve, une partie de la Quotité disponible. Il ne peut pas recevoir de son père une portion des biens réservés à ses frères. La donation faite à un successible qui accepte ne peut certainement pas comprendre une partie de la Réserve des autres cohéritiers ; elle ne peut comprendre que sa part de Réserve, plus tout ou partie de la Quotité disponible. L'imputation, en tant qu'elle se fait sur la Réserve, ne peut donc se faire que sur la part de cet héritier.

En résumé, se fondant sur ces trois arguments : article 857, principe de l'irrévocabilité des donations, volonté du donataire, la doctrine qui vient d'être exposée peut se condenser dans la formule suivante : le don en avancement d'hoirie fait à un successible qui accepte s'imputera sur la Réserve jusqu'à concurrence du montant de cette Réserve, et pour le surplus sur la Quotité disponible. L'excédant de 5,000 francs sera pour le donataire en avancement d'hoirie un don par préciput et hors part qu'il imputera sur le disponible. Pratiquement, le donataire gardera pour lui cet excédant, et le légataire du disponible ne pourra avoir que 20,000 francs.

Cette manière de voir est, nous devons en convenir, celle qui est généralement adoptée dans la pratique. Nous verrons un peu plus loin que la jurisprudence de la Cour de cassation est entrée dans la voie que lui avait tracée la Cour d'Agen et semble devoir s'y maintenir. Cette considération n'est cependant pas assez forte pour nous entraîner à la suite de ce courant nouveau ; du reste, les auteurs qui admettent la théorie opposée à celle qu'a énergiquement défendue M. Labbé jouissent d'une autorité assez grande en matière juridique pour que nous ne regrettions pas de nous ranger à leur opinion.

Cette importante question est approfondie dans les tomes XI et XII de la *Revue pratique*, qui contiennent plusieurs articles, où MM. Labbé et Vernet prennent la controverse *ab ovo*, remontent jusqu'à l'ancien Droit, et en arrivent à conclure, chacun de leur côté, que l'opinion qu'ils soutiennent est la seule admissible, la seule conforme à la loi.

C'est à l'opinion qui admet l'imputation sur la Réserve en masse que nous nous rallions. MM. Labbé et Vernet se sont disputé le suffrage de M. Demolombe. Cependant, aucun doute ne subsiste (et M. Ragon[1] le reconnaît lui-même dans son ouvrage) après la lecture du passage

1. Ragon, *op. cit.*, t. II, p. 155.

suivant, cité par M. Vernet, qui, à nos yeux, est décisif et prouve surabondamment que M. Demolombe[1] était un partisan convaincu du système de l'imputation en masse.

« Il est clair que les héritiers recueillent, à titre héréditaire, les biens provenant des avancements d'hoirie qui ont été rapportés à la masse, et qui étant rentrés dans la succession par l'accomplissement de la condition résolutoire du rapport, ont été partagés de la même manière que les biens existants au décès ; donc ils doivent imputer sur leur réserve les biens ainsi rapportés comme les biens trouvés dans les successions, puisqu'ils recueillent les uns et les autres au même titre. »

En étudiant, dans le Chapitre 1ᵉʳ, la nature de l'avancement d'hoirie, nous l'avons considéré comme une véritable donation, saisissant actuellement et irrévocablement le donataire, et nous avons même cité cette phrase de M. Labbé : « Donner en avancement d'hoirie, c'est *donner d'une certaine manière, mais enfin c'est donner.* » Et plus loin : « La donation peut recevoir *comme une modalité dans son existence le caractère d'avancement d'hoirie.* » On se trouve donc en présence d'une libéralité conditionnelle et soumise à résolution, si le successible gratifié accepte. Que se passe-t-il alors ? Les biens ainsi donnés rentrent dans le patrimoine du testateur ; ils sont même considérés comme n'en étant jamais sortis. Ils doivent donc se partager entre tous les héritiers et s'imputer sur la Réserve de tous. C'est la conséquence forcée de ce principe universellement admis que la Réserve est la succession *ab intestat* elle-même, moins la quotité disponible. Qu'est-ce à dire ? sinon que cette quotité dispo-

---

1. Demolombe, *Traité des successions,* t. IV, n° 291.

nible doit être laissée entièrement libre pour des avantages faits à des donataires ou à des légataires postérieurs.

Du reste, et nos adversaires eux-mêmes sont forcés de le reconnaître, ce système est le plus conforme aux intentions véritables du disposant : sa volonté seule doit servir de guide. Par cela même qu'il a donné en avancement d'hoirie, le *de cujus* a entendu que les biens donnés rentreraient entièrement dans la succession, au moins si le donataire acceptait.

La première objection qu'on nous fait est tirée de l'article 857. Le rapport, nous dit-on, ne doit pas profiter aux donataires ou légataires. La réponse est facile à faire, si l'on se reporte aux remarques préliminaires placées au début de ce chapitre, où ont été indiquées à dessein, et en vue de cette objection, les différences entre le rapport et l'imputation. Il ne s'agit pas de rapport au cas où le donataire en avancement d'hoirie accepte la succession, mais bien d'imputation ; car dès que la condition résolutoire est réalisée, les biens rentrent dans l'hérédité comme s'ils n'en étaient jamais sortis. Que les légataires ou donataires profitent de cette résolution, c'est possible ; mais à quoi cela tient-il ? Toujours à la volonté très nette et très claire du *de cujus*, qui n'a donné qu'en avancement d'hoirie. Or, à quoi aboutit-on dans le système opposé ? A la violation formelle de cette volonté. On fait dire, dans notre exemple, au donateur : je donne 20,000 fr. en avancement d'hoirie à mon fils, ce qui signifie 15,000 fr. réellement à ce titre, somme qu'il devra imputer sur sa part de réserve, et 5,000 francs à titre de don par préciput et hors part à imputer sur la quotité disponible. Un pareil résultat, qui assimile deux sortes de libéralités si différentes par elles-mêmes, suffirait à lui seul pour faire condamner cette théorie.

On argumente, en second lieu, du principe de l'irrévocabilité des donations et on prétend que notre opinion viole la règle « Donner et retenir ne vaut, » car elle aboutit à une révocation partielle de la donation faite au successible gratifié, sans que rien ait pu indiquer à ce dernier un semblable résultat.

Tout d'abord, nous ferons remarquer que nous avons reconnu à la donation en avancement d'hoirie le caractère d'une véritable donation, à ce titre, irrévocable. Mais il ne suffit pas d'affirmer le principe de l'irrévocabilité, sur lequel tout le monde est d'accord, il faut justement démontrer qu'il s'oppose à l'opinion que nous admettons ; car, d'après nous, le donateur n'a entendu disposer que de la Réserve, jamais du disponible. « Le don en avancement d'hoirie, dit très bien M. Vernet, est une *donation irrévocable* comme tout autre, *mais soumise à résolution*, qui dans certaines circonstances déterminées peut se trouver résolue[1]. » Et plus loin, au cas où un donataire en avancement d'hoirie accepte la succession, on arrive « à une absorption de la qualité de donataire par celle d'héritier, c'est-à-dire à une résolution de la donation[2]. »

Bien plus, est-ce que les donations faites à des successibles, pour irrévocables qu'elles soient, ne sont pas faites sous cette condition qu'elles n'excéderont pas la Réserve ? Quelquefois même le donateur n'aura pas entendu disposer de la Réserve : c'est ce qui arrivera, si sa fortune est de 200,000 francs au moment de la donation, et

1. Vernet, *Revue pratique*, t. XI, p. 451.
2. *Ibid.*, p. 454.

qu'elle se trouve réduite plus tard à 100,000 francs, en maintenant toujours l'exemple que nous avons pris.

Quant à la violation du principe « donner et retenir ne vaut, » qu'il nous soit permis de dire qu'elle n'existe que dans l'imagination de nos adversaires. Cette règle qui paraît s'être introduite dans notre ancien Droit, surtout en haine des donations, avait pour but de retenir le donateur par le frein de son propre intérêt ; en l'obligeant à se dépouiller irrévocablement, on espérait qu'il hésiterait et finalement qu'il reculerait. Y a-t-il en cela quelque chose de semblable à l'acte de générosité que fait un père en consentant à son fils un don en avancement d'hoirie ? Ne se dépouille-t-il pas actuellement et irrévocablement ? Le donataire n'a-t-il pas joui complètement jusqu'à la mort du donateur de la part de Réserve qu'il aura à recueillir dans la succession de ce dernier ? Le *de cujus*, on peut le dire, avait donné sans rien retenir, et s'il y a un excédant, il est juste de se conformer à la volonté du donateur, lequel, en faisant des legs ou donations postérieures, a confirmé sa volonté expresse de conserver intact le disponible. Soutenir une opinion contraire serait forcer le père de famille qui aurait ainsi doté un de ses enfants de disposer ultérieurement, soit par préciput au profit de l'un d'eux, soit en faveur d'un étranger ; on arriverait ainsi à un résultat opposé à celui que se propose d'atteindre le législateur, très porté à encourager ces sortes de libéralités.

Mais nos adversaires insistent. Mécontents de voir complètement dénaturées par leur manière de voir les intentions si claires du donateur, ils se rejettent, ne sachant plus de quel bois faire flèche, sur la situation du donataire. En matière de conventions, disent-ils, il faut avoir un égal respect pour la volonté de l'une et de l'autre partie.

Chose singulière, nous pourrions retourner l'argument et inviter nos contradicteurs à user pour le donateur des mêmes égards qu'ils nous engagent à avoir pour le donataire. En quoi, du reste, ce dernier a-t-il à se plaindre? Laissons de côté, si on veut, les avantages considérables dont il a joui, alors que seul peut-être parmi ses cohéritiers il a reçu une semblable libéralité. N'a-t-il pas connu la signification des mots avancement d'hoirie? a-t-il traité en aveugle? Bien au contraire, le plus souvent, avons-nous maintes fois répété, les dons en avancement d'hoirie sont faits de père à fils; les intentions, les projets de chaque co-contractant étaient connus de l'autre. Le fils n'a certainement pas ignoré que son père voulait conserver intacte la quotité disponible, et il a consenti sciemment par avance à la laisser telle.

Il nous semble donc qu'on doit adopter l'opinion d'après laquelle le don en avancement d'hoirie fait à un héritier réservataire qui accepte la succession du donateur doit s'imputer sur la Réserve en masse; et cela malgré un inconvénient grave qu'offre ce système. Si on se reporte toujours au même exemple, on voit que le donataire ou le légataire du disponible prendra tout ce qui lui a été donné (dans l'espèce 25,000 francs). La Réserve sera donc entamée. Mais le vide produit devra être comblé par les 5,000 francs d'excédent que le donataire en avancement d'hoirie devra compter à ses cohéritiers. Oui; mais qu'arrivera-t-il s'il est insolvable? Le légataire du disponible profitera de tout son legs et les autres enfants ne seront pas remplis de leur Réserve:

si le disponible est sauvé, la Réserve est diminuée, dans notre exemple, de 1,250 francs.

A cela, nous pouvons répondre, avec MM. Aubry et Rau : « Ce résultat, qui tiendrait à une circonstance purement accidentelle, doit rester sans influence sur l'application des principes. La perte résultant de l'insolvabilité du successible, débiteur d'un rapport excédant sa part dans la succession, est à la charge de ses cohéritiers, créanciers du rapport, et ne saurait retomber sur des tiers [1]. »

Pour obvier à cet inconvénient, le père de famille devra s'expliquer en faisant le don par avancement d'hoirie, et prévoir le cas d'insolvabilité du gratifié, de telle manière que ses cohéritiers aient toujours intacte leur part de Réserve.

IV. — *Théories secondaires.* — *État actuel et tendances de la jurisprudence.*

Sous cette rubrique, théories secondaires, nous comprenons en premier lieu une théorie qui admet également le principe d'après lequel l'excédent du don en avancement d'hoirie doit s'imputer sur la quotité disponible. Pratiquement, dans notre exemple, le légataire de ce disponible n'aura que 20,000 francs, mais (et c'est là le signe distinctif de cette opinion) le donataire en avancement d'hoirie devra partager l'excédent de 5,000 francs entre tous les autres enfants ; car cet excédent constitue une libéralité par préciput au regard du dona-

[1]. Aubry et Rau, t. VII, p. 215, note 36.

11

taire du disponible, et une libéralité en avancement
d'hoirie au regard des autres enfants : pour ce motif,
elle est donc rapportable. La Cour d'Agen a repoussé
cette manière de voir ingénieuse et subtile, mais peu
juridique.

« L'héritier à réserve, légataire du disponible, est-il
dit dans la rubrique (n° 3) de l'arrêt de la Cour d'Agen,
ne peut, en se fondant sur sa qualité d'héritier, demander à l'héritier à réserve donataire en avancement d'hoirie le rapport de la différence existant entre le chiffre
de sa réserve et le chiffre de sa donation, pour cette
différence être partagée également entre tous les héritiers, un pareil rapport ayant pour résultat de porter
atteinte à l'irrévocabilité de la donation en avancement
d'hoirie. »

Nous nous associons sur ce point à l'opinion de la Cour
d'Agen. Sans doute, si la donation en avancement d'hoirie est conditionnelle, soumise, nous l'avons vu, à résolution dans certains cas, elle n'en est pas moins, comme
toute autre donation entre-vifs, soumise au principe de
l'irrévocabilité. « Donner en avancement d'hoirie, c'est
donner d'une certaine manière, mais enfin c'est donner. »
Qu'est-ce à dire? sinon que le donateur ne peut pas,
par un effet dépendant de sa volonté, diminuer ou
réduire à néant le bénéfice de la libéralité qu'il a concé-
dée. On dit que l'excédant du don en avancement d'hoirie est une libéralité préciputaire au regard du donataire
du disponible, et une libéralité en simple avancement
d'hoirie au regard des autres enfants. Mais est-ce
admissible? Comment une donation pourrait-elle se présenter avec tels caractères, lorsqu'on est en présence
d'une certaine catégorie de personnes, ou avec tels

autres caractères absolument opposés, quand on est en présence d'une catégorie différente ?

La même libéralité ne peut pas être tantôt un don préciputaire, tantôt un don en avancement d'hoirie; c'est tout l'un ou tout l'autre.

Au surplus, sur quoi se fonderaient les enfants non avantagés pour exiger le rapport et le partage de l'excédant du don en avancement d'hoirie ?

Le rapport a certainement pour base l'égalité entre les enfants; cette égalité ne doit pas être détruite par des libéralités en avancement d'hoirie.

Mais « il faut combiner le rapport avec ces deux règles : 1° le père de famille peut détruire l'égalité par des préciputs; 2° la donation faite sans dispense de rapport est aussi irrévocable pour le donateur que toute autre donation. Le père de famille qui peut faire des libéralités par préciput ne peut pas les faire au détriment de ceux auxquels il a fait des libéralités non affranchies du rapport, mais irrévocables [1]. »

Aussi est-ce avec juste raison que le donataire en avancement d'hoirie répondra à la demande de rapport et de partage de l'excédant : « Tant que je n'ai et ne conserve que ma part dans la réserve ou ma part dans la succession, je n'ai rien à rapporter. Cela réduit à néant votre legs par préciput. Oui, parce que nos avancements d'hoirie sont des donations irrévocables. L'égalité règne entre nous, et le rapport ne peut pas servir à le détruire. »

Cette opinion, qui est rejetée même par les parti-

[1]. Labbé, *Note sous l'arrêt de la Cour d'Agen.* S. 1880, 2, 98 et 99.

sans de l'imputation de l'excédant du don en avancement d'hoirie sur la quotité disponible, doit donc, à
plus forte raison, ne pas être admise par ceux qui con-
testent le fondement même du principe commun à ces
deux théories.

D'après une autre opinion, aujourd'hui totalement
abandonnée et que nous ne mentionnons que pour être
complets, les cohéritiers du successible gratifié doivent
toujours avoir leur part de Réserve intacte : tel est le
point de départ. Le légataire du disponible ne peut rien
contre eux ; mais il peut agir contre le donataire en
avancement d'hoirie et lui demander les 5,000 francs qui
excèdent sa part de Réserve. Mais si ce dernier est insolvable, la Réserve sera sauvée au détriment du disponible[1].

La jurisprudence s'est prononcée fréquemment en faveur de l'imputation du don en avancement d'hoirie,
partie sur la réserve du donataire, partie sur la quotité
disponible. L'arrêt de la Cour d'Agen et un arrêt de la
Cour de Cassation semblent indiquer qu'elle est aujour-
d'hui définitivement fixée en ce sens. Néanmoins, ses
premiers pas dans cette voie ont été très hésitants.

En 1826, dans le célèbre arrêt Saint-Arroman, la Cour
de cassation[2] ne fit qu'ébaucher, sans la nommer, la
théorie de l'imputation. Voici en peu de mots ce qu'elle
décidait : le légataire par préciput pouvait prélever la
quotité disponible sur les biens laissés par le testateur à
son décès, soit en totalité, si elle n'avait pas été entamée

---

1. En ce sens, Agen, 28 décembre 1808. — Dev. et Car. *Coll. nouv.*, II, 2, 454.
2. 8 juillet 1826, S., *Coll. nouv.*, 8e vol, I, p. 383.

par les libéralités en avancement d'hoirie antérieures,
soit en partie seulement, si ces libéralités excédaient la
Légitime du donataire qui les avait reçues.

Même hésitation, même circonspection en 1838. La Cour
Suprême[1] n'affirme pas nettement que l'imputation du
don en avancement d'hoirie se fait d'abord sur la réserve
du donataire et qu'elle porte ensuite sur le disponible,
mais elle le laisse indirectement entendre. Déjà, en effet,
apparaissent les arguments à l'aide desquels on va étayer
le nouveau système : la donation en avancement d'hoirie
est déclarée irrévocable, et cela, dit la Cour, « parce qu'il
ne peut pas être au pouvoir du père donateur, après avoir
fait à son enfant une donation pour faciliter son établissement par mariage, de porter atteinte, par des dispositions postérieures, à une donation sous la foi de laquelle
l'union des époux a été contractée. » Elle décide que le
legs par préciput ne peut s'exercer que sur ce que les
dons en avancement d'hoirie ont laissé intact de la portion disponible.

Un arrêt de la Cour de Nîmes avait décidé qu'un donataire par contrat de mariage, héritier non renonçant, ne
pouvait imputer sur la quotité disponible ce qui, dans la
libéralité à lui faite, excédait sa réserve; qu'il devait,
au contraire, en subir le rapport et la réduction vis-à-
vis de ses co-successibles considérés comme légataires de
ladite quotité. Cet arrêt fut cassé, en 1870, par la Cour
Suprême[2] : elle se fonda d'une part sur l'article 857,
qui refuse aux légataires le droit de contraindre les donataires au rapport des libéralités faites à ces derniers,

1. Cass., 2 mai 1838, S., 38, 1, 385.
2. Cass., 3 août 1870 S., 70, 1, 393.

d'autre part sur les dispositions de la loi relatives à l'irrévocabilité des donations.

La tendance de la jurisprudence vers l'imputation de l'excédent sur la quotité disponible s'accentue de plus en plus; elle s'affirme d'une manière évidente dans un arrêt important rendu par la Cour d'Agen, le 31 décembre 1879, auquel nous avons fait allusion plusieurs fois[1].

Voici quelle était l'espèce soumise à la Cour : Un père de trois enfants avait, en 1872, donné en avancement d'hoirie à l'un d'eux la somme de 80,000 francs; il avait ensuite, en 1877, légué par préciput et hors part la quotité disponible au second; le troisième n'avait rien reçu, ni don en avancement d'hoirie, ni préciput. La liquidation de la succession porta à la somme de 268,000 francs la valeur totale de l'hérédité, rapports compris : la quotité disponible étant de 67,000 francs, le don fait à l'aîné des enfants excédait sa part dans la réserve (67,000 fr. également) de 13,000 francs. Le légataire par préciput soutint que cet excédant devait être imputé sur la réserve en masse, et que les biens laissés (188,000 fr.) dépassant de beaucoup la quotité disponible, il avait lui, légataire par préciput, le droit de prélever d'abord la totalité du préciput, et de recueillir ensuite sa part de réserve au même titre que ses cohéritiers. Le donataire en avancement d'hoirie répondit, au contraire, qu'il fallait, jusqu'à concurrence de 13,000 francs, imputer le don sur la quotité disponible et réduire le préciput à la somme de 54,000 francs. La Cour d'Agen admit le système proposé par le donataire en avancement d'hoirie et

<hr>

1. Agen, 31 décembre 1879; S., 80, 2, 97.

proscrivit, à tort suivant nous, la méthode d'imputation sur la réserve en masse.

Enfin, le 31 mars 1885, on trouve un arrêt de la Cour de Cassation [1] dans le même sens. Les mêmes arguments sont donnés à l'appui de cette décision : art. 857 et principe de l'irrévocabilité. Nous les avons suffisamment réfutés plus haut; il est inutile d'y revenir, et nous pouvons maintenant envisager le second parti que peut prendre l'héritier réservataire gratifié d'un don en avancement d'hoirie : renoncer à la succession du donateur. Ce sera l'objet du dernier Chapitre de cette thèse : les difficultés que nous y rencontrerons seront plus grandes encore.

1. Sirey, 1885, I, 302.

CHAPITRE IV.

Du don en avancement d'hoirie fait à un héritier réservataire qui renonce à la succession.

« La controverse soulevée sur cette question, dit M. Boissonade, a duré plus de trente années ; elle était devenue plus inextricable que le célèbre labyrinthe *dividui et individui* [1]. »

Comme on peut le penser, ce problème de droit ne pouvait manquer de solliciter l'attention des juristes les plus distingués. Les monographies, les traités, les articles de revue se sont succédé presque sans interruption ; aussi on peut dire aujourd'hui que le sujet a été entièrement épuisé. Nous n'avons donc pas la pensée d'apporter un élément nouveau à une discussion qui n'offre déjà plus qu'un intérêt rétrospectif. La jurisprudence dont nous retracerons l'histoire est passée par plusieurs phases successives, mais elle semble définitivement fixée depuis 1863.

Notre tâche est plus modeste : résumer ce qui a déjà été dit, en faire la synthèse la plus exacte possible : tel est notre but.

1. Boissonade, *op. cit.*, p. 678.

Pour y arriver, il nous paraît indispensable de distinguer bien nettement deux questions.

La première est celle de savoir si l'enfant donataire en avancement d'hoirie, qui renonce à la succession de son père, peut retenir les biens à lui donnés jusqu'à concurrence de sa part de Réserve et de la portion disponible cumulées ; ou bien s'il n'aura le droit de les retenir que dans la limite seulement de la Quotité disponible, ainsi qu'un étranger pourrait le faire.

Bien différente est la seconde question. On suppose qu'après le don en avancement d'hoirie fait à son successible le père a consenti des libéralités postérieures, soit à des étrangers, soit à ses autres enfants, mais, dans ce dernier cas, par préciput ; il faudra se demander si le don fait sans dispense de rapport s'imputera sur la portion disponible ou sur la Réserve et de quelle manière se fera cette imputation.

La première de ces questions est celle *du cumul*, la seconde celle *de l'imputation*. « Elles sont, disent très justement MM. Aubry et Rau [1], distinctes et indépendantes l'une de l'autre. La première ne peut s'élever qu'entre le donataire en avancement d'hoirie qui renonce à la succession et les réservataires qui l'acceptent; elle doit être résolue d'après les principes sur la nature de la Réserve et les conditions nécessaires pour pouvoir la réclamer. La seconde, au contraire, s'élève entre les réservataires acceptants et les donataires ou légataires gratifiés postérieurement au donataire en avancement d'hoirie qui renonce à la succession; elle doit se décider d'après les règles qui déterminent quelles sont les libéralités impu-

1. Aubry et Rau, *op. cit.*, t. VII, p. 179, note 8.

tables sur la quotité disponible. » Dans l'une, domine
surtout l'intérêt des enfants qui acceptent la succession;
dans l'autre, le droit du père de famille.

Une fois ces deux questions résolues au point de vue
de la doctrine, nous retracerons l'histoire de la juris.
prudence, qui offre en cette matière un importance considérable.

De là une division toute naturelle de ce Chapitre en
trois parties :

I. De la rétention permise à un héritier réservataire
qui renonce à la succession.

II. De l'imputation de l'avancement d'hoirie fait à un
héritier réservataire qui renonce à la succession.

III. Histoire de la jurisprudence.

I. — *De la rétention permise à un héritier réservataire*
qui renonce à la succession.

Que peut garder le successible renonçant? Peut-il
cumuler sa part de réserve et de quotité disponible?
Non, dit un premier système; l'enfant donataire ou légataire, sans dispense de rapport, qui renonce, ne peut retenir ou réclamer que la quotité disponible. Oui, soutiennent les partisans d'une opinion diamétralement opposée;
le réservataire renonçant peut retenir son don ou réclamer
son legs jusqu'à concurrence de la quotité disponible et
de sa part dans la réserve cumulée. Le premier système
auquel nous nous rangeons sans hésiter est celui du *non-*
cumul; il est soutenu par MM. Demolombe[1], Vernet[2],

1. Demolombe, *op. cit.*, t. II, p. 56.
2. Vernet, *De la quotité disponible*, p. 391. — *Revue pratique*,
XIV, pp. 404 et 553.

Valette[1], Beautemps-Beaupré[2], Machelard[3], Coin-Delisle[4], Boissonade[5], Aubry[6], etc... Le second, que nous réfuterons au contraire, est celui du *cumul*; il a rallié les suffrages de MM. Taulier[7], Troplong[8], Labbé[9], Gabriel Demante[10], Bressolles[11], Ragon[12], etc.

A. — *Doctrine du non-cumul.*

D'un mot, MM. Aubry et Rau nous ont fait savoir sur quels principes s'appuie cette opinion : « la nature de la Réserve et les conditions nécessaires pour pouvoir la réclamer. » Ces points ont été mis en lumière dans le Chapitre premier, où nous avons démontré que la Réserve actuelle est une fraction de la succession *ab intestât* dont il n'est pas permis de disposer. Mais pour être réservataire, que faut-il être ? Il faut être héritier. Or, aux termes de l'article 785 C., celui qui renonce est censé n'avoir jamais été héritier ; il n'est plus qu'un étranger ; conséquence logique et forcée : il ne peut pas prétendre à la Réserve. Devenu absolument étranger à l'hérédité, l'enfant renonçant n'a plus qu'une seule qualité, celle de

1. Valette, *Mélanges*, p. 270 et suiv. — *Le Droit*, des 17 décembre 1845 et 6 septembre 1854.
2. Beautemps-Beaupré, *op. cit.*, t. I, p. 453.
3. Machelard, *Revue historique*, VIII, p. 682; IX, p. 245.
4. Coin-Delisle, *op. cit.*
5. Boissonade, *op. cit.*, p. 678.
6. Aubry, *Revue pratique*, t. III, p. 497.
7. Taulier, *op cit.*, t. III, p. 328 et suiv.
8. Troplong, *Donations et Testaments*, t. II, n° 786 et suiv.
9. Labbé, *Revue pratique*, V, pp. 193, 257, 305 et 353.
10. Gabriel Demante, *Revue critique*, II, p. 81 et suiv.
11. Ragon, *op. cit.*

donataire ; à ce titre il peut retenir les libéralités qui lui
ont été faites, jusqu'à concurrence de la portion disponible, la seule qui puisse être distraite de la succession
ab intestât.

L'article 845 C. est concluant en ce sens : *L'héritier qui
renonce à la succession peut cependant retenir le don entre-
vifs ou réclamer le legs à lui fait, jusqu'à concurrence de
la portion disponible.* N'est-ce pas la réponse la plus claire,
la plus nette possible à la question que nous nous
posions au début de ce Chapitre? Elle n'a cependant pas
eu le don de satisfaire complètement les partisans du
système opposé. Certes, il y a trop souvent des dispositions législatives obscures et difficiles à interpréter ; on
peut alors donner libre carrière à la science de l'argumentation et échafauder d'ingénieux systèmes pour soutenir une opinion que l'on croit bonne et conforme à l'esprit de la loi. On devrait donc, semble-t-il, en présence
d'un texte clair et précis, être d'un avis unanime et s'accorder entièrement sur les intentions des rédacteurs du
Code. Loin de là, les partisans de la théorie du cumul
ont fait des efforts désespérés pour échapper à l'autorité
écrasante de l'article 845 « qui est limpide à force d'être
clair, » comme l'a dit M. Faustin Hélie. M. Ragon, en
particulier, accuse ses adversaires « de faire dire à l'article 845 autre chose que ce qu'il dit. » Il est donc important puisque, paraît-il, le sens et la portée de cet article
sont dénaturés, d'en faire l'histoire. Pour y arriver, nous
nous demanderons d'abord dans quel esprit l'article 845 a
été rédigé, et quel a été le parti pris par les législateurs
de 1804, en présence de l'ancien Droit ; ensuite, les projets
de Code civil de Cambacérès et Jacqueminot seront pour
nous une source importante de renseignements ; et mon-

trant en dernier lieu que l'article 845 actuel s'enchaîne avec d'autres dispositions du Code, nous pourrons conclure sans hésiter que le système du *non-cumul* a été introduit à dessein dans nos lois.

Il est inutile d'insister longuement sur le premier point. Les rédacteurs du Code civil étaient sans doute nourris, dans le principe, de l'ancien Droit romain et coutumier, mais il n'en est pas moins vrai qu'ils étaient fort détachés de son esprit et animés, imbus même des principes égalitaires de 1789 ; nous en trouvons la preuve dans la loi de Nivôse an II, dans celle de Germinal an VIII : « La succession des père et mère, disait Portalis [1] dans le discours préliminaire du Code, sera dévolue par égales portions à tous les enfants, sans distinction de sexe, et à défaut d'enfants aux plus proches parents. » D'après le tribun Chabot [2], « l'égalité entre les enfants est un droit de la nature elle-même. » M. Troplong [3] lui-même, un des partisans de la théorie du cumul, est obligé de reconnaître que « l'égalité la plus complète inspire les dispositions de notre loi écrite : elle n'a fait en cela que suivre pas à pas la loi de nature. » Or, cette égalité, avouons que l'éminent magistrat en fait bon marché, en admettant que le donataire qui renonce conserve néanmoins le droit de retenir sur les biens qui lui ont été donnés, non seulement la quotité disponible, mais encore la part qu'il aurait eue dans la Réserve comme héritier. Le législateur n'aurait pas pu autoriser le *cumul* sans aller directement contre ce but qu'il s'était

1. Fenet, t. 1, p. 549.
2. *Ibid.*, t. XII, p. 184.
3. Troplong, *La propriété d'après le Code civil*, ch. XXVIII.

principalement proposé : le maintien de l'égalité entre les enfants.

Pour s'en convaincre, il suffit de comparer au texte de l'article 845 celui de l'article 307 de la Coutume de Paris, ainsi conçu : « Néanmoins, où celuy auquel on auroit donné se voudroit tenir à son don, faire le peut, en s'abstenant de l'hérédité, la légitime réservée aux autres enfants. » Il résultait de là que l'héritier donataire renonçant était autorisé à retenir, outre la quotité disponible, sa part dans la Légitime ; une seule chose, en effet, était exigée : les légitimaires acceptants devaient être remplis de leurs Légitimes. La doctrine du *cumul* était virtuellement consacrée, et il est impossible de soutenir que les rédacteurs de l'article 845, qui devait remplacer l'article 307 de la Coutume de Paris, aient passé devant cette grosse question sans chercher à la trancher dans un sens ou dans l'autre. Nous soutenons qu'ils l'ont tranchée dans le sens du *non-cumul*. En effet, c'est à dessein que le nouveau législateur prend soin de supprimer ce qui rappellerait spécialement un ordre d'idées qu'il ne veut plus voir figurer dans son Code ; aussi efface-t-il la fameuse incise, *la Légitime réserve aux autres enfants.* S'il avait voulu consacrer le système du cumul, il aurait dû *nécessairement* ajouter à ces mots de l'article 845 : « *jusqu'à concurrence de la quotité disponible* » les mots suivants : « *et de sa part dans la Réserve.* » En ne le faisant pas, le législateur a entendu rompre avec le passé. C'était là l'opinion très juste du conseiller Porriquet, rapporteur, dans l'arrêt Laroque de Mons.

L'historique de l'article 845 n'est pas moins concluant en faveur de la théorie du *non-cumul*.

D'après le premier projet de Code civil de Cambacérès,

art. 24, il n'était pas permis de donner soit entre-vifs, soit à cause de mort, à aucun de ses héritiers, et l'article 94 soumettait au rapport l'héritier même renonçant [1]. Les mêmes dispositions étaient reproduites dans des termes différents, par le second et le troisième projets.

Cette prohibition d'avantager un des successibles disparut dans le projet de Code civil présenté par Jacqueminot à la Commission législative du Conseil des Cinq-Cents : « La donation de la quotité disponible, dit l'art. 18, peut être faite en tout ou en partie même en faveur des enfants et autres successibles. » L'article 19 décidait que la donation ne serait pas rapportable, pourvu qu'elle ait été faite expressément à titre de préciput et hors part[2]. Ces articles sont devenus l'article 919 du Code civil.

Mais il est important de remarquer que le projet assimilait en principe l'enfant donataire renonçant à un étranger; conséquence logique : le droit de cet enfant se trouvait avoir exactement la même étendue que celui d'un étranger. C'est ce que dit l'article 154 du projet Jacqueminot (L'article 154 porta le n° 160 du titre des successions dans le projet de la Commission du Gouvernement, et devint l'article 133 du projet soumis à la discussion du Conseil d'État). Il était ainsi conçu : « L'héritier présomptif qui renonce à la succession peut retenir le don entre-vifs ou réclamer le legs à lui fait, *ainsi qu'un étranger pourrait le faire,* jusqu'à concurrence de la portion disponible. » Cette disposition fut adoptée dans la séance du 23 nivôse an XI; c'est l'article 845 actuel, sauf les mots : *ainsi qu'un étranger pourrait le faire.* Pourquoi cette suppression

1. Art. 24 du liv. II, tit. III. Fenet., p. 51.
2. Titre *Des Donations entre-vifs et à cause de mort.* Sect. 11.

a-t-elle été faite dans la rédaction définitive? La raison
en est simple. Dans le projet Jacqueminot, l'article 88 du
titre des successions portait que « l'héritier qui renonce
purement et simplement est censé n'avoir jamais été héritier[1]. » On aurait pu, par un argument *à contrario*, soutenir que celui qui renonçait, pour s'en tenir à son don ou
à son legs, devait être considéré comme héritier à certains points de vue. Aussi l'article 154 comparait-il l'héritier renonçant à un étranger. Mais les mots *purement et
simplement* ayant été supprimés, on fit de même pour
l'incise, *ainsi qu'un étranger pourrait le faire,* devenue
inutile du moment où l'on décida que celui qui renonçait
à une succession était censé n'avoir jamais été héritier; il
ne pouvait plus être traité quant à cette succession que
comme un étranger. Toute explication devenait superflue
à cet égard, « le style de comparaison et d'excuse ne conve-
nant pas à la majesté des lois. *Nil frigidius quam lex cum
prologo[2].* » L'article 845 n'est autre que l'article 160
(art. 154 du projet Jacqueminot); il s'oppose donc à ce
que le successible renonçant retienne, en outre de la Quotité disponible, une part dans la Réserve.

En outre, le sens exact de l'article 845 est plus facilement mis en lumière, si on lit les articles 843 et 844. Le
donataire sans dispense de rapport venant à succession
doit rapporter son don à ses cohéritiers; *il ne peut le retenir* (art. 843). Au cas où le don est par préciput, il peut le
retenir, mais jusqu'à concurrence de la quotité disponible;
l'excédant est sujet à rapport (art. 844). De quoi s'occupe
l'article 845? Du renonçant. Ces trois articles s'enchaînent

1. Fenet, t. 1, p. 444.
2. Coin-Delisle, *op. cit.,* p. 94.

et peuvent se résumer en deux formules : quand l'enfant accepte, il doit rapporter tout ce qu'il a reçu, hors le préciput qu'il peut retenir jusqu'à concurrence de la quotité disponible. Quand il renonce, il perdra sans doute sa qualité et ses droits d'héritier, mais il pourra *cependant* retenir le don jusqu'à concurrence de la portion disponible. C'est une faveur que la loi accorde au renonçant, puisqu'on le laisse profiter de sa donation en avancement d'hoirie, qui n'avait été faite que pour gratifier un futur *héritier*. Dans la législation de Nivôse il n'en était pas ainsi : la Réserve était si étroitement liée à la succession, que l'héritier renonçant était tenu de tout rapporter ; il ne pouvait rien garder. « Le mot *cependant* a pour objet d'indiquer l'abrogation de cette règle. Malgré la renonciation à la succession, l'héritier renonçant pourra retenir le don jusqu'à concurrence de la portion disponible : tel est le sens évident de la loi. » Le renonçant n'a donc pas à se plaindre ; l'article 845 est assez bienveillant pour lui. N'est-ce pas une faveur suffisante, en effet, que de transformer ainsi son don en avancement d'hoirie en un don par préciput et hors part ? Non, répondent nos adversaires, il faut encore permettre au successible de cumuler la Quotité disponible et sa part dans la Réserve. Exposons d'abord leur système ; nous essayerons ensuite de le réfuter.

B. — *Doctrine du cumul.*

Les partisans de cette théorie invoquent d'abord l'ancien Droit qui accordait à l'enfant renonçant la faculté de retenir, outre son don, une quotité égale à sa Légitime. Cet argument trouve sa réfutation complète au § 5 du Chapitre II, où nous avons démontré que le législateur moderne n'a pas consacré les principes de la Légitime. La Réserve actuelle n'est pas divisible et individuelle, comme l'était la Légitime en vertu de l'article 298 de la Coutume de Paris; elle est assurée *collectivement* à tous les enfants en leur qualité d'héritier. Il n'y a aucune analogie à tirer de la Légitime à la loi actuelle.

L'article 845, disent nos adversaires, est un article de faveur pour le renonçant; sa rédaction le prouve. Pour connaître l'étendue de cette faveur, il faut recourir à l'article 919, qui autorise le réservataire à cumuler la Quotité disponible ordinaire avec sa part dans la Réserve.

En exposant la théorie du non-cumul, nous avons admis, et cela ne saurait être nié, que l'article 845 est un article de faveur, et nous avons montré, sans recourir à l'article 919, en quoi elle consiste. Le renonçant conserve, grâce à elle, une libéralité qui lui avait été faite par avancement d'hoirie, et cela malgré la volonté du défunt, qui, en ne la faisant pas par préciput, entendait qu'elle fût une simple avance sur la part héréditaire. A quoi bon, du reste, recourir à l'article 919? Prévoit-il la même hypothèse? Loin de là. Tandis que dans l'article 845 il s'agit d'un successible qui renonce et d'un don en avancement d'hoirie, dans l'article 919 il s'agit d'un successible qui accepte et d'un don par préciput. De ce que la loi autorise *le cumul* dans ce dernier cas, on en arrive à conclure qu'elle l'autorise dans le premier, qui est tout différent. Voilà où nous ne comprenons plus. Il ne peut en être autrement, en présence d'un raisonnement qui fait abstraction des règles les plus élémentaires de la logique.

Mais d'autres considérations pour justifier la théorie du cumul ont été présentées par un de ses partisans les

plus autorisés, M. Ragon. Nous indiquerons les principales et nous essayerons de les réfuter.

M. Ragon s'occupe d'abord d'un donataire par préciput,
qui renonce, pour s'en tenir à une libéralité supérieure, à
la Quotité disponible. Pour prouver qu'il peut retenir avec
cette quotité sa part dans la Réserve, le savant auteur rai-
sonne ainsi : L'héritier auquel il a été fait une donation
par préciput dépassant la Quotité disponible est soumis
au *rapport* et non pas à la *réduction* pour ce qui excède
cette quotité disponible lorsqu'il accepte la succession. Il
ne peut devoir le rapport que comme héritier; donc, s'il
renonce à la succession, il n'est pas héritier; n'étant pas
héritier, il ne doit pas le rapport; ne devant pas le rapport, il a le droit de retenir, à titre de Réserve, ce qui
excède la quotité disponible.

Puis, passant à l'héritier donataire en avancement
d'hoirie, M. Ragon lui applique le même raisonnement.
« La renonciation du donataire lui donne le droit de retenir tout ce qu'il aurait dû rapporter s'il eût accepté, car
l'héritier venant à la succession est seul soumis au rapport. L'article 843 peut se retourner ainsi : L'héritier ne
venant pas à une succession ne doit pas rapporter ce qu'il
a reçu du défunt... Il reste donc seulement exposé à la
réduction. La partie de la donation qui aurait été réductible en cas d'acceptation reste toujours réductible. Mais
la réduction n'a pas lieu pour ce qui n'était que rapportable [1]. »

Pour établir ce principe, auquel il rattache l'ensemble
de son système, M. Ragon cite l'article 844, C., à la fin
duquel il est écrit que, dans ce cas, *l'excédant est sujet à*

[1]. Tome I, p. 494.

rapport ; il en rapproche les articles 866 et 918, qui répètent à leur tour que cet excédant est simplement rapportable, et l'article 924 qui le traite comme tel [1]. Entre temps, il invoque l'article 924 qui, suivant lui, prouverait le droit de l'héritier renonçant de retenir sa part dans la Réserve, le législateur ayant entendu par cet article n'assigner l'action en réduction à chaque réservataire que proportionnellement à sa part dans la Réserve : c'est toujours le même argument tiré de la prétendue assimilation entre la Réserve actuelle et la Légitime individuelle de l'ancien Droit. Inutile de revenir sur une réfutation déjà faite.

Pour M. Ragon, l'argument tiré de l'article 924 est le plus puissant, le plus irrésistible : « C'est un coin, dit-il, qu'on peut enfoncer dans presque tous les raisonnements des adversaires de la rétention de la Réserve, une hache avec laquelle on peut mettre en pièces tous leurs discours. » L'article 924 est ainsi conçu : *Si la donation entre-vifs réductible a été faite à l'un des successibles, il pourra retenir sur les biens donnés la valeur de la portion qui lui appartiendrait comme héritier dans les biens non disponibles, s'ils sont de même nature.* M. Ragon invoque d'abord l'origine de cet article puisé dans l'article 34 de l'ordonnance de 1731 sur les *Donations*, qui, dit-il, autorisait le légitimaire renonçant à cumuler sa Légitime et la portion dont il était permis au père de disposer. Voici son texte : « Et en cas qu'un ou plusieurs des donataires soient du nombre des enfants du donateur qui auraient eu droit de demander leur Légitime sans la donation qui leur a été faite, ils retiendront les biens à eux donnés jusqu'à con-

1. Voir tome I, pp. 432 et suiv.

currence de la valeur de la Légitime, et ils ne seront tenus
de la Légitime des autres que pour l'excédant. »

M. Ragon prétend, en outre, que l'article 34 du projet
du Code civil (correspondant à l'article 924), adopté par le
Conseil d'Etat dans la séance du 12 ventôse an XI, pré-
voyait le cas d'un successible renonçant. Il avait été adopté
tel qu'il est aujourd'hui, sauf les mots *s'ils sont de la même
nature*. Le Tribunat, toujours d'après le savant auteur,
aurait confondu le cas où le successible accepte la succession et où il y a lieu au rapport comme à la réduction,
avec le cas où le successible renonce et où il ne peut y
avoir lieu qu'à réduction. Le Tribunat, « sans songer à
mal, » aurait fait insérer les mots *s'ils sont de la même
nature* à la fin de l'article 924, transportant aux successibles acceptants ce qui était écrit des successibles renonçants et « mettant ainsi l'esprit de l'article à l'envers. »
« Mais en dépit du Tribunat, dit M. Ragon, l'article 924
reste une preuve excellente pour notre thèse. En autori-
sant celui qui accepte à retenir ou plutôt à ne pas rapporter sa Réserve, si les autres biens sont de la même
nature, il autorise virtuellement celui qui renonce à la
retenir indépendamment de cette condition, qui ne peut
regarder que celui qui vient à partage. Le moins habile
interprète peut encore lire sur l'envers de cet article ce
qui se trouvait à l'endroit, et il doit le suppléer[1]. »

La tournure grammaticale de l'article 924 satisfait
notre adversaire et lui fournit un argument. Les mots
qui lui appartiendraient comme héritier prouveraient qu'il
s'agit de l'héritier renonçant ; le mode conditionnel n'aurait pas été employé pour l'héritier acceptant.

1. *Op. cit.*, t. I, pp. 481-482.

Tout d'abord, nous contesterons le point de départ de la théorie du savant professeur. Il est très dangereux, en Droit, d'appliquer un raisonnement identique à deux cas bien différents et, dans l'espèce, de conclure que ce qui est vrai pour un donataire par préciput l'est aussi pour un donataire en avancement d'hoirie. Ensuite, est-ce bien du *rapport* que l'article 844 a voulu parler? Non, à notre avis. Le mot rapport n'est pas pris ici dans son sens juridique, il est employé seulement pour indiquer que ce qui est sorti de la masse de la succession doit y être remis, et que l'excédent de la libéralité sur la quotité disponible est soumis à réduction. M. Gabriel Demante lui-même reconnaît qu'une correction est nécessaire dans l'article 844, et qu'au lieu de : *l'excédant est sujet au rapport*, il faut lire : *l'excédant est sujet à réduction* [1]. Du reste, dès qu'il s'agit de la quotité disponible, on doit se servir de l'expression réduction. Le rapport est, en effet, incompatible avec la clause de préciput, par laquelle le donateur dit en termes exprès qu'il ne veut pas d'égalité. D'où nous concluons, contrairement à M. Ragon, que l'excédant de la donation faite par préciput à un enfant venant à la succession sur la quotité disponible est soumis à la réduction. Par là se trouve détruite, croyons-nous, l'une des principales bases de sa théorie.

Examinons maintenant le principal argument tiré de l'article 924. Nous reconnaissons volontiers l'origine de ce texte dans l'article 34 de l'ordonnance sur les donations. Mais cet article 34 consacrait-il *le cumul?* Nous ne le pensons pas. Il consacrait tout simplement la faculté d'attribuer la légitime au moyen d'une donation entre-

1. Gabriel Demante, *Revue critique*, t. II, p. 96.

vifs. Le point essentiel, le nœud de la discussion n'est pas mis en lumière par ce texte ; il ne nous dit point si ces enfants, qui pouvaient ainsi retenir leur part légitimaire sur les biens donnés, étaient ou non *héritiers*. « Il est si vrai, dit fort bien M. Ginoulhiac, que la faculté de renoncer et de retenir n'est pas traitée dans cet article, qu'aucun des auteurs qui ont précédé le Code civil, notamment Pothier, ne s'appuie sur lui pour l'accorder au légitimaire donataire ; on s'appuie toujours sur les Coutumes et la jurisprudence[1]. » On ne peut donc soutenir que l'article 34 consacrait formellement le droit pour le donataire renonçant de cumuler sa Légitime et la portion disponible.

Quant aux mots *s'ils sont de la même nature*, ajoutés par le Tribunat à la fin de l'article 924, ils sont loin d'être le résultat d'un malentendu, comme le prétend M. Ragon. Le Tribunat explique très bien le motif du changement qu'il a introduit : « Cette addition est nécessaire, dit-il, pour établir une concordance entre cet article et les articles 127 et 142 du *Titre des Successions* (art. 895 C.) qui veulent le rapport en nature, afin qu'un des héritiers n'ait pas tous les immeubles, tandis que les autres seraient réduits à des meubles ou à une somme d'argent pour leur portion[2]. » En somme, c'est pour éviter tous ces inconvénients que le Tribunat a jugé nécessaire d'exiger le retranchement en nature. L'article 924, avant de lui être soumis, ne comportait que le retranchement en moins prenant. Or, il est évident que le retranchement en moins prenant suppose celui qui le supporte venant à

---

1. Ginoulhiac, *Revue de Dr. fr. et étr.*, t. III (1846), p. 457.
2. Fenet, t. XII, p. 448.

la succession, au partage : pour moins prendre, il faut nécessairement prendre part. On voit donc que, même avant la communication officieuse au Tribunat, l'article 34 du projet n'avait trait qu'au cas où l'héritier donataire acceptait la succession et que par suite l'argumentation de M. Ragon est sans fondement. Il en est de même de celle qui est fondée sur la tournure grammaticale de l'article 924, sur les expressions *qui lui appartiendraient comme héritier*. M. Demolombe fait, en effet, très justement remarquer que le conditionnel porte non pas sur le fait de la qualité d'héritier, mais sur le fait de l'attribution des biens de telle ou telle nature qui pourrait résulter du partage au profit de l'héritier donataire.

Certains partisans de la théorie du *cumul*, allant plus loin que M. Ragon, déclarent sans hésiter que l'article 924 a été rédigé en vue d'un héritier *qui renonce* ; l'article 866 serait écrit en vue de l'héritier acceptant. D'après ces auteurs, l'article 924 autoriserait l'héritier renonçant, même quand il n'est pas donataire par préciput, à conserver le don qui lui a été fait, jusqu'à concurrence de la Quotité disponible et de sa part de Réserve cumulées, au moins quand il y a dans la succession d'autres biens de la même nature.

Nous répondrons d'abord que rien dans les termes de l'article 924 n'indique que ce texte a en vue le cas d'un héritier renonçant; ensuite on peut se demander comment le législateur aurait pu faire dépendre la faculté pour le renonçant de cumuler sa part de Réserve avec le disponible, de cette circonstance peu importante, en somme, qu'il y ait dans la succession des biens de la même nature que ceux donnés au successible.

A notre avis, dans l'article 924, la loi suppose, d'une

part, que l'héritier réservataire a reçu du défunt une donation *par préciput*, et, d'autre part, que le donataire *accepte la succession*. En effet, si l'héritier réservataire n'était point donataire par préciput, la loi le soumettrait non pas à la *réduction*, mais au *rapport;* s'il était renon- çant, elle ne l'autoriserait pas à retenir une portion de biens indisponibles qui doit lui appartenir comme héri- tier, à une condition qui suppose nécessairement cette qualité dans sa personne.

Bien loin d'adopter l'opinion des partisans du *cumul* sur l'article 924, nous pensons, au contraire, que ce texte est l'argument le plus puissant que l'on puisse faire valoir contre cette doctrine. M. Gabriel Demante est obligé de le reconnaître[1]. En effet, le droit exceptionnel de retenir le disponible et la part dans la Réserve sont subordonnés à deux conditions : 1° acceptation préalable du successible ; 2° existence dans la succession des biens de même nature que ceux qui ont été donnés. On est donc amené à conclure tout naturellement que la double rétention ne pourra être invoquée par un successible toutes les fois que ces deux conditions ne se trouveront pas réunies ; or, lorsque celui-ci renonce, les deux condi- tions ne coexistent point; donc pas de possibilité de cumuler la Quotité disponible et la part dans la Réserve.

Nous ne comprenons pas du reste, comment, pour échapper à l'autorité de l'article 845, suffisant à lui seul pour résoudre la question, si on le combine avec l'ar- ticle 785, on arrive à admettre la théorie du cumul. Il faut peut-être, comme le dit M. Ragon, « lire sur l'envers d'un article ce qui se trouvait à l'endroit, » ou voir « une

[1]. Gabriel Demante, *Revue critique*, t. II, p. 743.

autorisation virtuelle » là où le législateur a édicté une prohibition absolue.

Nous préférons ne pas lire entre les lignes. La pensée des rédacteurs de notre Code est assez évidente pour que nous ne la dénaturions pas en cherchant ce qu'ils ont voulu dire dans des hypothèses absolument différentes, et nous nous refusons à admettre que pour connaître le droit de rétention du donataire *en avancement d'hoirie* qui *renonce*, on soit obligé d'envisager la situation du donataire *par préciput* qui *accepte*.

Il est du reste une objection capitale à laquelle nos adversaires, malgré tous leurs raisonnements subtils, ne peuvent échapper. La meilleure preuve en est dans la manière différente dont ils y répondent. Si on leur demande à quel titre l'enfant donataire qui renonce retiendra sa part dans la Réserve, ils sont en complet désaccord. Suivant Taulier [1], ce serait en sa qualité d'enfant. Nous répondons que la propriété des biens se transmet par succession ou par dispositions entre-vifs ou testamentaires. On peut être héritier ou donataire; mais il faut être l'un ou l'autre, ou tous les deux ensemble, pour pouvoir recueillir tout ou partie de ces biens. « Le mot enfant, disait le procureur général Dupin, comme intermédiaire entre donataire et héritier, n'a pas de place dans le Code; c'est une création *fantastique et cérébrine*. Il y a une Quotité disponible et une Réserve; il y a des donataires et des héritiers; il n'y a pas place pour une troisième catégorie. »

D'après Troplong [2], l'enfant donataire qui renonce à la

1. Taulier, *op. cit.*, t. III, pp. 328 et suiv.
2. Troplong, *op. cit.*, t. II, pp. 786 à 793.

succession retiendrait sa part dans la Réserve comme donataire. C'est précisément ce que nous soutenons. La renonciation, d'après nous, n'est rien autre chose que l'abdication de la qualité d'héritier ; c'est comme donataire seulement que le renonçant peut se présenter devant les réservataires acceptants. Or, pris en cette qualité, que lui accorde la loi ? La Quotité disponible ; rien de plus. Dès lors, comment l'enfant renonçant pourra-t-il retenir la Réserve à titre de donataire du moment que le législateur défend de la *donner* ? Ne serait-il pas bizarre qu'il puisse conserver précisément ce qu'il a répudié ? Une pareille contradiction ne saurait être le système de la loi.

Pour M. Ragon, l'enfant donataire qui renonce retient sa part dans la Réserve à titre d'héritier. Mais alors que devient l'article 785 ? Ici, M. Ragon se récrie. Suivant lui, l'article 785 mal interprété est la principale cause de nos erreurs. De ce qu'il déclare que l'héritier qui renonce est censé n'avoir jamais été héritier, nous concluons à tort, par forme de *raisonnement mécanique*, que ce successible n'est plus qu'un étranger pour la succession, et qu'il faut traiter la libéralité qui lui a été faite comme on traite la libéralité faite à un étranger. Suivant le savant professeur, il faut distinguer : le réservataire qui renonce n'est héritier que pour retenir sa part dans la Réserve ; à tous autres points de vue, il n'est plus que donataire et doit être traité comme tel.

Nous répondrons que *Ubi lex non distinguit, nec nos distinguere debemus*, et dirons avec M. Vernet : « Que l'on nous montre le texte qui fait exception à l'article 785 et qui reconnaît comme étant encore héritiers à certains égards, pour certains effets, des héritiers ayant renoncé à la succession à laquelle ils étaient appelés. Tant que l'on ne nous montrera pas ce texte, nous persévérerons à être mécaniciens, et nous penserons que c'est là de la mécanique rationnelle [1]. »

La vérité est que l'enfant donataire qui renonce n'a aucun titre juridique qui lui permette de retenir sa part dans la Réserve ; depuis sa renonciation, il est un étranger. C'est dire qu'il ne peut retenir les libéralités qui lui ont été faites que jusqu'à concurrence de la Quotité disponible. La doctrine du *cumul* doit donc être rejetée, car elle pèche par la base et tombe d'elle-même.

Nous connaissons maintenant les deux théories. Celle du *non-cumul*, consacrée par la loi, est-elle irréprochable ? Non ; elle aboutit dans certains cas à un résultat regrettable. En effet, l'enfant qui aura reçu une libéralité égale au montant de la Quotité disponible rendra caduques, par sa renonciation, les donations postérieures. Ce résultat est contraire au principe de l'irrévocabilité des donations et à celui de la libre disposition par le père de la Quotité disponible. Nous verrons plus loin si l'inconvénient signalé ne peut pas être évité.

La doctrine du *cumul* produit des effets plus funestes encore : elle donne une prime, un encouragement à la répudiation des successions. En renonçant, le successible fait au défunt une double injure : il se fait préciputaire sans clause de préciput, alors qu'il y a eu un simple avancement d'hoirie, et il refuse d'être le continuateur de la personne de celui qui l'a gratifié. Il arrive même à être plus avantagé que le donataire par préciput qui

1. Vernet, *Compte rendu sur l'ouvrage de M. Ragon ; Revue pratique*, XIV, p. 565.

accepte la succession, car il n'a pas à subir les ennuis d'un partage et surtout les charges héréditaires. Est-ce bien là le vœu de la loi?

En étudiant le droit de rétention permis à un successible qui renonce à la succession, nous ne nous sommes occupés que de l'intérêt des enfants; mais celui du père de famille est aussi respectable. Il a le droit de faire des libéralités postérieures au don en avancement d'hoirie. Quel en sera le sort? Pour le savoir, il faut rechercher si le don en avancement d'hoirie doit s'imputer sur la Portion disponible ou sur la Réserve, et de quelle manière se fera cette imputation.

II. — *De l'imputation de l'avancement d'hoirie fait à un héritier réservataire qui renonce à la succession.*

Cette question est bien différente de celle du *cumul.* Il ne s'agit pas seulement de se demander si le renonçant peut se prévaloir à la fois de sa qualité de donataire et de celle de réservataire, mais encore d'examiner sur quelle partie du patrimoine du *de cujus* va s'imputer la libéralité que l'article 845 lui permet de conserver.

La solution est pour nous très facile; les articles 785 et 845 nous donnent la clef de la difficulté. Il suffit pour cela de se rappeler que nous sommes en présence d'un don fait à un étranger, car le donataire est renonçant : la libéralité qui lui a été faite s'imputera donc, comme toute libéralité faite à un étranger, *sur la Quotité disponible.*

Prenons un exemple qui nous est déjà familier. Un père de famille a cinq enfants et 100,000 francs de fortune. Il y a un enfant donataire en avancement d'hoirie de

20,000 francs; il renonce à la succession. Postérieurement
au don en avancement d'hoirie, le père lègue le disponible,
dans l'espèce 25,000 francs. D'après nous, le successible
renonçant devra imputer la libéralité qu'il a reçue sur la
Quotité disponible. Le légataire n'aura plus que 5,000 fr.

Comme il fallait s'y attendre, les partisans du *cumul*
imputent l'avancement d'hoirie sur la Réserve du renonçant, absolument comme au cas d'acceptation. « L'imputation de l'avancement d'hoirie fait à un successible qui
renonce, dit M. Ragon[1], doit être exactement ce qu'elle
aurait été si au lieu de renoncer il eût accepté. Acceptant
ou renonçant, il impute d'abord sur sa Réserve, ensuite
sur la Quotité disponible, et il les retient l'une et l'autre...
Le droit et la raison ne demandent rien de plus. » Nous
disons, au contraire, que le droit et la raison le réprou-
vent absolument.

La réfutation de cette opinion est déjà faite; nous n'y
reviendrons pas. Nos adversaires fondent, en effet, l'imputation sur la réserve du renonçant, sur le droit qu'il a
de la retenir. Ce droit, nous nous sommes énergiquement
refusés à le reconnaître. La Réserve du renonçant! Est-ce
que ces mots peuvent aller ensemble? N'est-il pas contradictoire de donner une solution identique dans deux
hypothèses absolument distinctes? Comment vouloir assimiler, à propos de l'imputation, l'acceptation et la renonciation, alors qu'à tous autres points de vue on indique
les résultats opposés auxquels conduisent ces deux partis
différents? Pour pouvoir imputer un don ou un legs sur
la Réserve, il faut nécessairement être investi de la qualité d'héritier, puisque la Réserve n'est autre chose que la

1. Ragon, t. II, pp. 189-190.

succession elle-même dans sa portion indisponible. Or, le successible qui renonce est, aux termes de l'article 785, censé n'avoir jamais été héritier; par conséquent, il ne peut pas imputer son don ou son legs sur la Réserve; c'est un étranger, et, comme tel, il doit l'imputer sur la Quotité disponible.

Mais le résultat auquel aboutit notre opinion, adoptée par MM. Demolombe[1], Bressolles[2], Dalloz[3] est défectueux, car il ne laisse pas intacte la Quotité disponible. Le légataire qui devait avoir 25,000 francs, selon la volonté du père de famille, n'en a plus que 5,000. Dans le but de respecter le plus possible cette volonté, certains auteurs (notamment MM. Aubry et Rau[4], et Pont[5]) ont adopté la théorie suivante :

Sans doute, disent-ils, l'enfant qui renonce à la succession pour s'en tenir à la donation ne doit avoir ni plus ni moins que n'aurait un donataire étranger; mais ne vaudrait-il pas mieux imputer le don en avancement d'hoirie, *d'abord sur la Réserve* et *subsidiairement* sur la Quotité disponible? Dans l'espèce, les 20,000 francs donnés au renonçant s'imputeront jusqu'à concurrence de 15,000 francs sur sa Réserve et pour 5,000 francs sur le Disponible. Il restera donc au moins 20,000 francs pour le légataire.

Cette théorie, séduisante au premier abord, ne peut

1. Demolombe, XIX, 66 à 61.
2. Bressolles, *Recueil de l'Académie de législation de Toulouse*, 1864, XIII, p. 61.
3. Dalloz, *Jurispr gén.*, t. V, p. 617.
4. Aubry et Rau, *op. cit.*, t. VII, p. 216, note 39. — Voir aussi Aubry, *Revue pratique*, t. III, 1857, pp. 481 et suiv.
5. Pont, *Revue de législation et de jurisprudence*, t. II, 1843, p. 436.

être admise : elle heurte d'une façon trop évidente les principes fondamentaux sur lesquels nous avons essayé d'établir la théorie du *non-cumul*. Voici les arguments principaux sur lesquels on la fonde.

On constate tout d'abord qu'il n'y a pas de texte dans le Code civil pour déterminer quelles sont les libéralités imputables ou non sur la Quotité disponible. « L'article 846, disent MM. Aubry et Rau, dit bien que l'héritier qui renonce peut retenir le don entre-vifs ou réclamer le legs à lui fait *jusqu'à concurrence de la quotité disponible;* mais il ne dit pas, comme on semble le supposer, qu'il peut retenir *sur son don ou réclamer sur son legs la quotité disponible.* L'expression *quotité disponible*, qu'on lit dans cet article, a donc bien moins pour objet d'indiquer le caractère intrinsèque de la retenue que d'en déterminer la mesure. » A défaut du texte, il faut recourir à l'équité et à l'inviolabilité des conventions. L'équité ne permet pas de résoudre la question au détriment du droit de disposition du donateur. L'inviolabilité des conventions ne permet ni au donateur ni au donataire de se soustraire à la loi du contrat qu'ils ont volontairement acceptée; en vertu de cette loi, le donateur se dépouille actuellement et d'une manière définitive, mais il indique, en n'ajoutant point à la donation la dispense du rapport, que cette libéralité ne doit point s'imputer sur la Quotité disponible. En acceptant l'avancement d'hoirie, le donataire, de son côté, prend l'engagement d'imputer sur sa Réserve le don qu'il reçoit. Sa renonciation ne peut le délier : cet acte unilatéral ne peut priver le donateur des droits qu'il a stipulés ou qu'il s'est réservés par la convention.

Mais les défenseurs de la théorie de l'imputation sur la Réserve fondent leur argument principal sur la nature

prétendue du don fait avec la clause d'avancement d'hoirie. D'après eux, le nom même *d'avancement d'hoirie* indi-
querait qu'une pareille donation ne constitue qu'une
remise anticipée de ce que le donataire aura à recueillir
dans la succession *ab intestat* du donateur; or, comme la
succession *ab intestat* ne comprend pas la Quotité disponible, c'est sur la portion de patrimoine dont il n'est pas
permis au donateur de disposer, c'est-à-dire sur la Réserve,
que sera imputé le don en avancement d'hoirie. Au surplus, une pareille libéralité revêt, au moment où elle est
faite, le caractère d'une libéralité non imputable sur la
Quotité disponible. Il faut, en effet, examiner à ce moment
si oui ou non le défunt, en faisant à l'un de ses successibles une donation en avancement d'hoirie, a diminué la
masse de sa future succession; s'il a, oui ou non, voulu
user du droit que lui reconnaît la loi de disposer, à titre
gratuit, d'une partie de son disponible. « Or, s'il est évident, d'après ce critérium, dit M. Aubry[1], qu'une donation faite soit à un étranger, soit par préciput à un successible, doit s'imputer sur la quotité disponible, il n'est
pas moins certain, à l'inverse, qu'une donation en simple
avancement d'hoirie n'est point imputable sur cette quotité, puisqu'en faisant une pareille donation, dont il entend
que la valeur soit réintégrée dans la masse héréditaire,
le donateur ne diminue réellement pas cette dernière et
conserve ainsi intact son droit de disposition. »

Enfin, on se fonde sur la manière dont l'article 843 est
rédigé. Les expressions *peut cependant retenir* prouvent
que le législateur a voulu favoriser le successible renon-

[1]. Aubry, *Avancement d'hoirie.* (*Revue pratique*, t. III,
pp. 803-808.)

çant. On ne peut donc pas, en présence de cette intention manifeste, assimiler d'une manière absolue le successible donataire en avancement d'hoirie qui renonce
pour s'en tenir à son don, au donataire ou légataire
étranger. Quand un père donne à l'un de ses enfants, dit-
on, il envisage toujours dans la personne du donataire sa
qualité d'héritier futur. Logiquement, la renonciation du
donataire devrait donc résoudre la donation. La loi, par
esprit de faveur, décide le contraire; mais on a tort d'ag-
graver la décision de l'article 845. Ce texte ne peut
empêcher que le donateur, en donnant en avancement
d'hoirie, ne se soit réservé le droit de disposer ultérieurement de la Quotité disponible : les légataires de ce disponible peuvent donc exiger des héritiers acceptants
qu'ils imputent le don en avancement d'hoirie sur la part
du donataire renonçant.

Tels sont les arguments invoqués par les partisans de
la théorie de l'imputation sur la Réserve. Réfutons-les
rapidement.

Nous soutenons, en premier lieu, que l'article 845 est le
texte dont nos adversaires déclarent l'absence dans le
Code civil; il indique, avec la plus grande netteté, « le
caractère intrinsèque » de la retenue permise au successible renonçant. Pour s'en convaincre, il suffit de le rapprocher de l'article 844 ainsi conçu : « Dans le cas même
où des dons et legs auraient été faits par préciput ou avec
dispense de rapport, l'héritier venant à partage ne peut
les retenir que *jusqu'à concurrence de la quotité disponible.* »
Tout le monde reconnaît que cet article prouve que l'héritier donataire venant à la succession, ne peut garder son
don que dans la limite de la Quotité disponible, et que ce
don doit être imputé sur cette quotité même. Or, l'arti-

cle 845 emploie des termes absolument semblables :
« L'héritier qui renonce peut cependant retenir le don
entre-vifs ou réclamer le legs à lui fait, *jusqu'à concurrence
de la portion disponible.* » Le législateur, en se servant dans
deux textes intimement liés l'un à l'autre d'expressions
identiques, a voulu certainement leur donner le même
sens. Pour qu'il en soit autrement, il faudrait dire que les
rédacteurs de l'article 845 se sont bien mal exprimés et
ont méconnu la portée des mots, car ils parlent de Quotité disponible, et nous devrions substituer à ce mot clair
son contraire *Réserve!* L'équité le veut ainsi, nous dit-on.
Sans doute, répondrons-nous ; mais alors même que le
système de la loi présente quelque inconvénient, il n'appartient pas à l'interprète, mû par le désir très louable
de l'éviter, de le rejeter et de substituer des principes
arbitraires. Le principe de l'inviolabilité des conventions
a été à tort invoqué. Nous reconnaissons que le donateur
se dépouille actuellement et irrévocablement, mais nous
nions que le donataire ait pris l'engagement d'imputer
sur sa Réserve le don qu'il reçoit. Cette question est certes
bien loin de son esprit au moment où il accepte la libéralité qui lui est faite. Peut-il prévoir du reste le parti
qu'il aura à prendre au décès du donateur? Soutenir que
le successible est lié par l'acceptation du don en avancement d'hoirie, c'est présenter une pareille libéralité
comme inconciliable avec le droit que lui accorde la loi
de demeurer en dehors de la succession du donateur. On
en arrive ainsi à créer un mode spécial de disposition à
titre gratuit, et c'est là le grand tort de l'opinion que nous
combattons.

Nos adversaires admettent, en effet, que l'avancement
d'hoirie n'est pas une donation ou un legs véritable ; ce

n'est, d'après eux, qu'une remise anticipée de la part que l'enfant est appelé à recueillir dans la succession. Il suffira de se reporter au chapitre Ier pour répondre à cette objection. En étudiant la nature du don en avancement d'hoirie, nous avons montré que deux modes seulement de disposer à titre gratuit étaient reconnus par la loi : la donation et le testament; il n'y a pas place à un troisième mode. La donation en avancement d'hoirie rentre dans le premier et est une donation ordinaire. Jamais, sauf dans l'article 511 C., l'expression d'avancement d'hoirie n'est employée, et aucun passage du Code n'en fait un mode particulier de disposer à titre gratuit. Est-il du reste admissible qu'avant la mort du propriétaire une succession s'ouvre par anticipation, et que sa part héréditaire soit attribuée à un successible au moyen d'une donation entre-vifs? Ce serait la violation formelle de l'article 833. Le donataire en avancement d'hoirie doit être en tous points assimilé au donateur ordinaire. Les notaires insèrent souvent par habitude la clause d'avancement d'hoirie; mais elle n'a pas plus d'importance qu'elle n'en avait dans l'ancien Droit depuis la rédaction de la Coutume de Paris, qui voyait, comme notre Code aujourd'hui, dans toute donation faite par un père à ses enfants, une donation en avancement d'hoirie.

La dernière objection est tirée de la rédaction de l'article 845. Nous avons déjà reconnu que ce texte avait été rédigé en faveur du renonçant; mais si nous assimilons ce donataire à un étranger, nous y sommes autorisés par l'article 785, où nous voyons très nettement l'intention qu'a eue le législateur de traiter celui qui renonce à la succession comme un étranger, sans se préoccuper du point de savoir si oui ou non il avait reçu quelque chose de son auteur.

A quel résultat aboutit d'ailleurs le système de MM. Aubry et Rau? A une contradiction flagrante avec l'opinion par eux admise sur la question de rétention. Ces savants auteurs décident avec raison que le donataire renonçant ne peut retenir sa part de Réserve, et cependant, d'après eux, les légataires du disponible pourront contraindre les cohéritiers du successible gratifié à imputer d'abord sur la Réserve de ce dernier, et subsidiairement sur la Quotité disponible, le don qu'il a reçu et qu'il retient en renonçant. Comment! dans ses rapports avec ses cohéritiers, le donataire renonçant sera dans l'impossibilité de retenir sa Réserve, et il sera au contraire censé la retenir quand le débat s'ouvrira entre ceux-ci et les légataires du disponible! N'est-ce pas une anomalie choquante? N'est-ce point proclamer que le réservataire renonçant retient en réalité sa Réserve et déclarer en même temps qu'il n'a pas le droit de la retenir?

Sans doute, nous ne nous dissimulons pas la gravité de l'inconvénient qui a donné naissance au système que nous venons de combattre. Les calculs du donateur seront trompés par la renonciation du donataire en avancement d'hoirie. Mais à cela, semble-t-il, il y a un remède. Le père, sachant que par sa renonciation le fils peut transformer l'avancement d'hoirie en une donation imputable sur le disponible, a le droit de frapper la libéralité qu'il lui fait d'une condition résolutoire. Grâce à cette condition, les libéralités faites postérieurement à l'avancement d'hoirie seront exécutées.

Il faut du reste, avant tout et toujours, conserver intacte la Réserve des héritiers acceptants; or, cette Réserve ne peut rester intacte que si l'imputation des libéralités se fait *exclusivement sur la Quotité disponible*.

Nous pouvons maintenant conclure et résumer en deux
formules succinctes l'opinion que nous avons adoptée, sur
les effets du don en avancement d'hoirie, quand le
successible gratifié renonce à la succession du donateur :

1° *Le successible qui renonce ne peut retenir les libéralités
qui lui ont été faites que jusqu'à concurrence de la Quotité
disponible;*

2° *Le don en avancement d'hoirie fait au successible
renonçant doit s'imputer, comme tout don fait à un étranger, sur la Quotité disponible.*

Ces solutions sont aujourd'hui adoptées par la jurisprudence d'une manière définitive, il faut l'espérer ; on
va voir, dans un rapide exposé, qu'il n'en a pas été toujours ainsi.

III. — *Histoire de la Jurisprudence.*

Ce fut en 1818, quinze ans après la promulgation du
Code civil, que se présenta pour la première fois devant
la Cour de Cassation la question relative à l'étendue du
droit de rétention du successible gratifié qui renonce à la
succession. La Cour Suprême consacra le système du
non-cumul dans un arrêt du 18 février 1818 (Sirey,
18, 1. 98).

Madame Laroque de Mons, à l'occasion du mariage de
son fils aîné, avait fait à ce dernier une donation entre-
vifs de tous ses biens immeubles et de ses reprises
immobilières, sous la réserve de l'usufruit d'une certaine
portion de biens compris dans la donation. Le 2 décembre 1808, elle meurt en laissant six enfants : cinq acceptent la succession maternelle. Le successible gratifié y
renonce et demande à conserver à la fois la Quotité dis-

ponible, c'est-à-dire un quart, plus une part d'enfant dans les trois quarts formant la réserve, soit un sixième de ces trois quarts. Le tribunal de Périgueux, le 29 août 1814, le débouta de sa demande et ne lui accorda que le quart disponible. Appel devant la Cour de Bordeaux qui confirme le jugement du tribunal de Périgueux, le 30 août 1816. Pourvoi en cassation pour fausse interprétation des articles 785, 786, 845, 919 et 924 C. Pour soutenir le pourvoi, on invoqua, outre les textes du Code civil, les auteurs anciens et modernes, Ricard, Lebrun, Merlin, Chabot, et on produisit une consultation de Proud'hon, professeur de Droit civil à Dijon. L'avocat-général Cahier reconnaissait au successible gratifié qui renonce le droit de retenir sa part dans la Réserve et il concluait à la cassation de l'arrêt de Bordeaux, en se fondant sur les lois romaines, sur l'Ordonnance de 1731, sur l'art. 924 du Code civil. D'après ce magistrat, la donation à un enfant d'une Quotité disponible contient essentiellement une portion de la part d'enfant cumulée avec la Quotité disponible.

Mais, sur le remarquable rapport du conseiller Porriquet, la Cour Suprême rejeta le pourvoi. M. Porriquet posa la question en termes fort nets : l'enfant donataire d'immeubles dont la valeur excède la portion disponible, peut-il, lorsque les frères et sœurs exercent contre lui l'action en réduction, retenir, en renonçant à la succession, non seulement la portion dont il était permis au donateur de disposer, mais même ce qui excède cette portion disponible jusqu'à concurrence de la Réserve légale à laquelle il aurait eu droit, s'il eût conservé la qualité d'héritier? Le conseiller rapporteur démontra jusqu'à l'évidence que pour résoudre la question il ne fallait pas recourir aux principes de la Légitime de l'ancien Droit, mais seulement au Code civil et à la combinaison de ses articles.

L'arrêt de 1818 consacre quatre solutions que nous croyons parfaitement exactes : 1° le réservataire renonçant perd son droit absolu à la Réserve ; 2° il ne peut retenir sur sa donation une part dans la Réserve ; 3° les héritiers saisis collectivement de tous les biens et actions du défunt sont investis à ce titre du droit de former contre tous les donataires, sans distinction, la demande en réduction des donations qui excèdent la portion disponible ; 4° la donation de l'enfant renonçant s'impute sur le disponible.

« Depuis bien des années, disait l'arrêtiste Sirey, la Cour de Cassation n'a pas rendu un arrêt aussi important, aussi remarquable par les principes, aussi fécond dans ses conséquences, aussi imposant par l'étendue et la force de ses combinaisons » (Sirey, 18, 1. 99). Malheureusement, la Cour de Cassation commit deux fautes : la première fut celle de confondre la question *d'imputation* avec celle *du cumul*, la seule qu'elle eût à résoudre. Le débat ne s'élevait, en effet, qu'entre le donataire renonçant et ses cohéritiers acceptants ; il s'agissait uniquement de l'importance du droit de rétention, et au lieu de se borner à en déterminer la mesure, la Cour de Cassation crut devoir en préciser la nature en décidant que l'objet en était la Quotité disponible. Nous verrons quelles conséquences en furent déduites plus tard. La seconde faute, beaucoup plus grave, fut d'affirmer en principe que, pour déterminer dans la succession d'une personne la quote-part des biens formant le disponible, il fallait tenir compte de tous les enfants existants au décès, même des renonçants ou de ceux déclarés indignes. Nous avons déjà démontré, dans l'Aperçu historique, que la loi n'a jamais entendu fixer le disponible et par suite la Réserve qu'en égard au nombre des enfants qui doivent profiter de cette Réserve et figurer dans le partage des biens héréditaires; nous allons voir bientôt les conséquences du principe erroné consacré par la Cour Suprême.

Dans le sens de l'arrêt Laroque de Mons, on peut citer entre autres les arrêts suivants : Toulouse, 17 juin 1821 (dame Lafontan contre les héritiers Renaud) (Sirey, 22, 2, 102). — Grenoble, 22 janvier 1827 (S., 27, 2, 95.) — Toulouse, 11 juin 1829 (S. 30, 2, 15). — Orléans, 5 décembre 1842 (S. 46, 2, 1).

En sens contraire : Toulouse, 7 août 1820 (Chamayou) (S. 20, 2, 296). — Paris, 31 juillet 1821 (Durrot, contre dame Lelamarre) (S. 22, 2, 184). — Toulouse, 17 août 1821 (Rives) (S., 22, 2, 144). Ces arrêts déclarent que l'enfant donataire par avancement d'hoirie peut, outre la Quotité disponible, réclamer sa part dans la Réserve, bien qu'il renonce à la qualité d'héritier.

Néanmoins, la jurisprudence semblait établie en faveur du non-cumul lorsque, soudain, la Cour de Cassation manifesta une certaine tendance à modifier les conséquences naturelles des principes posés dans l'arrêt Laroque de Mons.

Dans l'arrêt Saint-Arroman, rendu le 8 juillet 1826, la question était de savoir si le donataire ou légataire du disponible pouvait exiger la réunion fictive à la masse des donations antérieures faites aux successibles acceptants, non pour réduire ces donations, ni pour contraindre l'héritier à les rapporter aux donataires ou légataires postérieurs, mais à l'effet de fixer l'étendue de la Quotité disponible. La Cour de Cassation trancha la difficulté dans le sens de l'affirmative, et elle inséra, dans un des considérants de son arrêt, une définition de l'avancement d'hoirie, dont nous avons parlé dans le chapitre II, à laquelle M. Ragon ne trouve rien à redire et que nous avons critiquée en nous appuyant sur l'autorité de M. Machelard. Les avancements d'hoirie, disait la Cour Suprême, ne sont en réalité que des *remises anticipées* des parts que les donataires successibles doivent recueillir un jour dans la succession. C'est ce qui fit que l'arrêt aboutit, par voie de conséquence, à faire imputer l'avancement d'hoirie de l'héritier qui accepte, d'abord sur sa part dans la Réserve, et subsidiairement sur la Quotité disponible.

La même idée sur la nature de l'avancement d'hoirie se trouve formellement exprimée dans l'arrêt Mourgues du 11 août 1829 (Sirey, 1829, 1, 297). La Cour est, en outre, frappée de l'inconvénient qui pouvait résulter, dans certains cas, de l'imputation de la libéralité uniquement sur la Quotité disponible : « Il dépendrait toujours de l'enfant doté en avancement d'hoirie, dit un des considérants, de rendre illusoires, par sa renonciation concertée, les dons que le père aurait faits de la portion disponible. »

Aussi, dès l'instant que le don reçu par un successible du vivant du donateur était considérée comme une remise anticipée de sa part héréditaire, peu importait qu'il acceptât ou renonçât à la succession ; dans un cas comme dans un autre, la nature assignée à cette libéralité exigeait qu'elle fût imputée sur la Réserve d'abord. C'est pourquoi la Cour de Cassation devait, à moins de man-

quer de logique, abandonner sa doctrine sur l'imputation consacrée dans l'arrêt Laroque de Mons, et décider
que la donation reçue par l'enfant renonçant serait considérée, dans les rapports des enfants acceptants et des
donataires ou légataires postérieurs, comme imputable
sur la part de Réserve que le renonçant aurait eue s'il
avait accepté la succession.

Telle fut la décision de la Cour Suprême dans l'affaire
de Castille. La Cour, présidée par Portalis, décida, le
24 mars 1834 (Sirey, 34, 1, 145), que « la renonciation
(de l'enfant donataire) ne peut changer la nature du don
qui lui a été fait et n'a d'autre effet que de lui donner *le
droit de retenir* ou de recevoir ce qui lui a été donné,
d'abord en sa qualité d'enfant, qu'il ne peut ni perdre, ni
abdiquer sur la part qui lui aurait appartenu dans la
réserve légale, s'il n'eût pas renoncé, et subsidiairement
sur la quotité disponible, afin que la Réserve légale de
ses frères et sœurs ne soit pas entamée. »

C'était marcher à grands pas vers la doctrine erronée
du cumul; la Cour de Cassation devait la consacrer, le
17 mai 1843, dans l'arrêt Leproust (Sirey, 43, 1, 689).
Aussi M. Troplong déclare-t-il que « l'arrêt du 17 mai
1843 n'avait fait que continuer et élargir les voies ou-
vertes par l'arrêt de Castille [1]. » Pour M. Gab. Demante,
cet arrêt a été « la consécration d'une jurisprudence déjà
établie [2]. »

La Cour d'Angers, confirmant un jugement du Tribunal
de Saint-Calais, avait statué conformément aux principes

1. Troplong, *Donat. et Test.*, II, p. 189.
2. Gab. Demante, *Revue critique*, 1852, t. II, p. 154. — Voir
sur ce point Ragon, *op. cit.*, II, p. 229, note 1. — Valette, *Mélanges*, p. 273. — Coin-Delisle, *op. cit.*, p 248.

consacrés dans l'arrêt Laroque de Mons, et repoussé la prétention d'un successible renonçant qui prétendait retenir à la fois sa part dans la Réserve et la Quotité disponible; elle n'admit pas aussi que la donation en avancement d'hoirie fût rapportée fictivement à la masse de la succession pour déterminer la Quotité disponible. Le pourvoi en cassation fut fondé sur deux moyens : 1° violation de l'article 845, C. : le demandeur soutenait que la jurisprudence de 1818 avait été détruite en 1834 par l'arrêt de Castille; 2° violation des articles 913 et 922, et fausse application de l'article 857 en ce que l'arrêt attaqué avait refusé d'ordonner le rapport fictif de la donation.

L'avocat général Hello conclut à la cassation sur les deux moyens. Après avoir parlé de la jurisprudence établie par l'arrêt de 1818, l'avocat général ajoutait : « Un autre arrêt du 24 mars 1834 (affaire Castille) a tout changé. D'après lui, le don fait au successible n'est pas fait à l'héritier, *mais à l'enfant*, et lorsque celui-ci renonce, il impute la chose donnée, d'abord sur la Réserve à valoir, de laquelle a été fait l'avancement d'hoirie, et subsidiairement sur la Portion disponible; il procède ainsi non par voie d'action en demandant, mais par voie d'exception *en retenant*. Cet arrêt a fixé la jurisprudence. Or, l'arrêt attaqué a jugé le contraire. » Le second moyen fut admis aussi; il violait manifestement le principe posé par l'arrêt Saint-Arroman.

Sur le rapport du conseiller Chardel, la Cour de Cassation cassa l'arrêt de la Cour d'Angers, et, revenant sur sa jurisprudence antérieure, autorisa le cumul de la Quotité disponible et de la Réserve, « attendu que (l'enfant donataire renonçant) n'abdique point sa part dans la réserve légale à laquelle sa qualité d'enfant lui donne droit ; que cela résulte de la combinaison des articles 845 et 919 du Code civil. »

Nous avons assez réfuté cet argument pour que nous n'insistions pas davantage. Contentons-nous de remarquer que la Cour Suprême se borne à alléguer le résultat de la combinaison des articles 845 et 919 ; elle ne le prouve pas. Sans revenir sur ce que nous avons déjà dit, il nous sera bien permis de répéter qu'il est absolument arbitraire de tirer un argument de l'article 919 en faveur du donataire en avancement d'hoirie qui renonce, cas prévu exclusivement dans l'article 845. L'article 919 s'occupe d'une question toute différente, puisqu'il s'agit d'un don par préciput fait à un enfant qui accepte !

Cet arrêt de 1843, en faveur *du cumul*, souleva un cri universel de réprobation. Marcadé le regarde « comme un triste et malheureux arrêt. » M. Valette dit « que ce résultat heurte de front une foule de dispositions du Code, desquelles il résulte que la Réserve n'est autre chose qu'une portion de la succession[1]. » « Quiconque s'intéresse à la science du Droit, s'écrie Duvergier, et s'honore du titre de jurisconsulte, doit s'élever contre cette décision ; il faut que la Cour de Cassation sache que son arrêt a été cassé par l'opinion publique[2]. »

M. Ragon[3], partisan convaincu de la « saine doctrine du cumul, » déclarait, en 1862, que « la Cour de Cassation possédait désormais les vrais principes de la matière. »

---

1. Valette, *Revue de Droit français et étranger*, t. I, 1844, p. 630.
2. Duvergier, *Gazette des tribunaux*, 19 octobre 1844.
3. Ragon, *op. cit.*, t. II, p. 257 ; t. I, p. 9. — Voir aussi la Préface.

Suivant le savant auteur, la Cour Suprême avait raison *en dépit de tout ce qui est jurisconsulte.* A peine un an plus tard après ce solennel hommage rendu à la doctrine nouvelle par le distingué professeur à la Faculté de Poitiers, la Cour, toutes Chambres réunies, désavoua son erreur de 1843 pour retourner aux seuls « vrais principes » et à la seule « saine doctrine » de l'arrêt Laroque de Mons.

A quelles causes était due cette erreur? La Cour de Cassation fut surtout frappée de l'inconvénient que présentait la jurisprudence de 1848. Lorsque des libéralités avaient été faites postérieurement au don en avancement d'hoirie, elles se trouvaient réduites à néant par le fait de la renonciation du donataire, qui retenait, à titre de Quotité disponible, les biens reçus, et ce contrairement à l'intention évidente du donateur. En outre, on avait eu le tort de consacrer dans l'arrêt Laroque de Mons le principe d'après lequel l'enfant renonçant devait compter pour la fixation de la Quotité disponible. Mais les principales causes du revirement de la jurisprudence nous paraissent être dans l'arrêt Saint-Arroman et l'arrêt de Castille. Le premier, grâce à la définition erronée de l'avancement d'hoirie (*remise anticipée*), autorisait l'imputation du don en avancement d'hoirie sur la Réserve; le second permettait au renonçant de retenir cette Réserve *en sa seule qualité d'enfant.* Aussi M. Ragon a-t-il pu dire « qu'une concordance admirable règne entre l'arrêt Saint-Arroman, l'arrêt Mourgues, l'arrêt de Castille et l'arrêt Leproust[1]. »

Après ce dernier arrêt, la Cour de Cassation se prononça

1. Ragon, *op. cit.*, t. 1, p. 9.

plusieurs fois en faveur *du cumul*. Citons, entre autres, les arrêts du 21 juin 1846 (affaire Lecesne. Sirey, 46. 1. 829), où on considère la donation en avancement d'hoirie comme irrévocable. Sans doute, mais nous avons démontré que cette libéralité est soumise à une résolution nécessaire, le rapport; du 31 juin 1848 (affaire Vien. Sirey, 49. 1. 172); du 17 juillet 1854 (affaire Carlier. Sirey, 54. 1. 613).

La nouvelle jurisprudence de la Cour Suprême fut adoptée par plusieurs Cours d'appel, notamment par les Cours de Lyon, Montpellier, Toulouse, Paris (Voir Sirey, 45. 2. 550. — 46. 2. 6 et 56). Mais les Cours de Rouen, Riom, Grenoble (Sirey, 45. 2, p. 242, 289, 651), Caen, Dijon (S., 46. 2. 56 et 99), Nancy (51. 2. 394), Agen (53. 2. 222), Amiens, Bastia (Sirey, 55. 2. pp. 102, 97, 162), Colmar, Paris, Bourges, Bordeaux (Sir., 60. 2. 454) résistèrent en appliquant la doctrine de l'arrêt Laroque de Mons.

Une telle incertitude sur une question aussi grave ne pouvait pas durer. Voici dans quelles circonstances la Cour de Cassation eut à se prononcer. La dame Lavialle avait reçu de son père une donation en avancement d'hoirie. A la mort de ce dernier, elle renonce et prétend retenir sur sa libéralité d'abord sa Réserve, ensuite, s'il y avait lieu, tout ou partie de la Quotité disponible. Le Tribunal d'Aurillac, par jugement du 19 août 1857, accueille cette prétention. La Cour de Riom, au contraire, repoussant le système *du cumul*, infirme le jugement de première instance par arrêt du 12 mars 1858. Sur le pourvoi de la dame Lavialle, la Cour Suprême cassa l'arrêt de la Cour de Riom, le 25 juillet 1859 (Sirey, 59. 1. 812) et renvoya l'affaire devant la Cour de Bourges, qui se

prononça, le 14 juin 1860 (S., 60. 2. 454), dans le sens
de la Cour de Riom. Nouveau pourvoi en cassation. M. le
conseiller Faustin-Hélie fut chargé du rapport. Avec un
talent remarquable, ce magistrat démontra que la doctrine
du *cumul* devait être abandonnée ; il examina la question
au double point de vue du Droit ancien et du Code civil,
et indiqua les précautions que doit prendre le donateur
pour que ses volontés soient respectées. Rien ne l'empêche, en effet, de frapper la donation d'une condition
résolutoire pour le cas de renonciation. « C'est au père,
disait le rapporteur, à conjurer le péril par sa pré-
voyance, à prévenir et régler les effets de l'option que la
loi laisse au donataire. »

Le procureur général Dupin, dans de remarquables
conclusions, soutint la théorie du *non-cumul*. Nous ne
pouvons nous empêcher de citer la fin de son discours :
« L'enfant renonçant qui vise au cumul, ce nourrisson de
la jurisprudence qui l'adopte et le choie, en sa qualité
d'enfant, pour l'enrichir aux dépens des autres, cet enfant
n'est pas digne de l'intérêt qu'on lui porte et de la faveur
qu'on prétend lui faire : c'est un mauvais fils, c'est un
mauvais frère !... Donner au renonçant le double de ce
qu'il aurait en acceptant, est-ce là le Code civil ? Est-
ce là le principe d'égalité qui est la base, le droit commun de nos successions ?... C'est contre la volonté du père
que l'enfant renonçant voudra cumuler la quotité disponible et la réserve légale, et qu'à l'aide de la jurisprudence introduite sur le cumul il se fera tout à la fois *préciputaire sans clause de préciput*, et *réservataire quoiqu'il
ait renoncé à la succession !* C'est un calcul odieux, un calcul égoïste offert à la cupidité et introduit dans les
familles au préjudice du principe de l'égalité. »

La Cour Suprême adopta ces conclusions. Elle décida, toutes Chambres réunies, par arrêt solennel du **27** novembre **1863** (Sirey, **1863**, I. **513**), que *l'enfant renonçant ne peut pas cumuler sa part de Réserve et la Quotité disponible, et que le don par lui reçu en avancement d'hoirie est imputable exclusivement sur la Quotité disponible.* Elle affirma les deux principes fondamentaux que nous avons toujours invoqués au cours de cette étude, à savoir : « **1°** Que les enfants n'ont droit à la Réserve et ne la recueillent qu'à titre d'héritiers, et qu'aucune disposition du Code ne sépare la qualité de Réserve et celle d'héritier. »

2° « Que, suivant l'article **785**, le donataire renonçant n'a plus la qualité d'héritier. »

L'arrêt de **1863** « a clos un demi-siècle d'incertitudes et de procès. » Aujourd'hui, la question semble résolue en jurisprudence, et la Cour de Cassation statue toujours dans le sens du *non-cumul* [1].

Mais, il faut bien le dire, si la théorie consacrée aujourd'hui par la Cour de Cassation est conforme aux principes juridiques, elle est loin d'être logique.

En traitant de la nature de la Réserve, nous avons constaté que, d'après la théorie aujourd'hui presque universellement admise en jurisprudence, l'héritier renonçant faisait nombre pour le calcul de la Réserve. Nous avons essayé de démontrer que cette manière de voir n'était pas fondée ; il nous reste à prouver maintenant qu'elle est contradictoire avec les principes consacrés dans l'arrêt du **27** novembre **1863**, et d'après lesquels : **1°** l'enfant renon-

[1]. Voir : Montpellier, 8 mars 1864 ; Paris, Chambres réunies, 9 juin 1864 ; Paris, 11 mai 1865 (Sirey, 65. 2. 445 et 446). Cassation, 22 août 1870 (Sirey, 70, 1. 425) et 10 novembre 1880 (Sirey, 81, 1, 97).

çant ne peut pas cumuler sa part de Réserve et la Quotité disponible ; 2° le don en avancement d'hoirie fait à cet enfant est imputable exclusivement sur la Quotité disponible.

Or, sur quoi sont fondées ces solutions très justes? Sur l'article 785, dont la Cour de Cassation a eu maintes fois à faire l'application. Dire que l'héritier renonçant est considéré comme n'ayant jamais été héritier, c'est dire qu'il est étranger à la succession, non seulement pour l'avenir, mais encore pour le passé. Pourquoi alors le considérer comme un réservataire? Dès l'instant qu'on admet cette solution pour exclure le renonçant de toute part dans la Réserve (et telle est l'opinion que nous avons énergiquement soutenue), il faut *nécessairement* l'admettre aussi pour l'éliminer du calcul de la Réserve; sans cela, on se contredit, comme le fait la Cour Suprême.

« Il faut mettre la manière de calculer la réserve en rapport avec l'opinion qu'on s'est faite sur la question des enfants habiles à y prendre part. *Une décision commande l'autre...* C'est affaire de logique et de bon sens plus que de droit, et rien en vérité n'est plus simple : Font nombre pour le calcul de la réserve tous ceux qui y prennent part ; ne font pas nombre ceux qui n'y ont point de part : *Avoir part et faire nombre vont toujours ensemble. Autant d'enfants reconnus comme ayant droit à la Réserve, autant de parts à établir. La connexité est complète* [1].

1. Ragon, *op. cit.*, p. 40, t. II. — Note. Il ne faudrait pas croire que M. Ragon manque lui-même de logique après l'avoir recommandée aux autres. Ayant admis le cumul, il devait *nécessairement* compter l'enfant pour le calcul de la Réserve. Aussi, tout en admettant, comme règle générale, que le renonçant ne doit pas compter, il s'en écarte dans le cas où

L'esprit de la loi, que la jurisprudence prétend avoir pour elle, est au contraire en faveur de notre manière de voir. Si on étudie l'article 913, on peut se convaincre que le législateur a voulu, au moins jusqu'à concurrence du nombre de trois enfants, rendre le disponible égal à une part d'enfant. Il a désiré concilier deux intérêts très respectables : le droit de disposition du père de famille et le droit des enfants à une portion réservée, et il a pensé que ce dernier ne serait pas lésé dès que les donataires et légataires n'ont pas à eux tous plus que chacun des enfants. Or, à quel résultat aboutit-on en comptant le renonçant ? A ne pas proportionner le chiffre de la Réserve aux besoins des enfants, à accorder à deux, par exemple, une Réserve de trois, tout en maintenant, chose anormale, la Quotité disponible au même chiffre que si trois avaient pris part. Le rapport que la loi a voulu maintenir entre ces deux portions du patrimoine est rompu. La Réserve, sans doute, est une faveur ; il faut bien se garder de l'étendre, car elle a été introduite par dérogation au droit de disposer qui appartient à tout propriétaire, dans un intérêt supérieur à l'intérêt individuel. Si le législateur restreint ce droit, en présence de réservataires, il le fait dans la mesure suffisante pour assurer à chacun d'eux la protection nécessaire. C'est dépasser cette mesure et aller contre l'esprit de la loi que de compter, comme le fait la jurisprudence, le successible renonçant pour le calcul de la Réserve.

celui qui renonce a reçu une libéralité du défunt, se fondant sur l'ancien Droit, qui, pour la supputation de la Légitime, tenait compte de l'enfant qui renonce, *aliquo dato*, mais surtout sur l'opinion par lui admise, d'après laquelle l'enfant donataire renonçant peut retenir une part dans la Réserve.

Logiquement, la Cour de Cassation devrait revenir, ce que nous sommes loin de souhaiter, à la théorie du *cumul*; car si elle a abandonné avec raison les conséquences de cette doctrine, elle a eu le tort d'en conserver le principe qui est absolument faux.

La Cour Suprême a donc un pas à faire pour arriver à la vérité complète : il faut qu'elle décide *que l'héritier renonçant ne doit pas compter dans le calcul de la Réserve et qu'il doit être traité comme étranger;* décider le contraire, c'est porter une brèche à sa théorie sur le *non-cumul* « et par là l'ennemi pourrait rentrer dans la place [1]. »

1. Boissonade, *op. cit.*, p. 686.

CONCLUSION.

———

Nous venons de voir dans cette étude que la Réserve est une portion de la succession *ab intestât*; il en résulte, avons-nous dit, que l'héritier donataire renonçant à l'hérédité du donateur ne peut pas retenir sa part dans la Réserve, ne peut cumuler la Quotité disponible et la Quotité indisponible.

La doctrine du *non-cumul* est donc consacrée par le Code. Est-elle la meilleure? Grave et difficile question. à laquelle il est bien difficile de répondre d'un mot et dont la solution appartient plutôt au législateur qu'au juriste. Sans doute, nous avons constaté avec regret, au cours de ce travail, que les conséquences de la théorie du *non-cumul* ne sont pas toujours satisfaisantes. L'objection principale qui nous est faite par nos adversaires est tirée de l'atteinte portée, dans la doctrine aujourd'hui admise, au droit de disposer du père de famille.

Nous sommes bien obligés de le reconnaître : les donations postérieures ou les legs sont à la merci du donataire en avancement d'hoirie. Accepte-t-il la succession du donateur? Ces dons sont efficaces, car la libéralité faite à l'héritier, s'imputant sur sa part de Réserve, le disponible reste entièrement libre. Renonce-t-il au contraire? Les donataires et légataires n'ont rien ou presque rien,

la Quotité disponible étant complètement absorbée par
l'héritier renonçant, qui impute, comme un étranger le
ferait, sa libéralité sur cette portion du patrimoine du *de
cujus.* Il en résulte, dans ce dernier cas, que le père a
épuisé, sans s'en douter, son droit de disposer. Ses calculs ont été trompés : pour lui, l'enfant donataire devait
accepter la succession, et ainsi était obligé de rapporter
à la masse héréditaire. Point du tout ! l'enfant renonce,
et par là transforme une donation qui en réalité lui avait
été faite, avec l'obligation sous-entendue du rapport, en
une donation pure et simple s'imputant sur la Quotité
disponible. Il en résulte que les libéralités postérieures,
frappées les premières par l'action en réduction (art. 923,
925) deviennent caduques, ou du moins ne subsistent
que pour le complément de la Quotité disponible, déduction faite de la donation du renonçant.

Pour remédier à cet inconvénient, Marcadé[1] a proposé
un système ingénieux, très séduisant au premier abord :
réduire la première, même avant les legs, toute donation
en avancement d'hoirie faite au fils renonçant. Malheureusement, cette opinion viole ouvertement l'article 923
in fine et l'article 785 du Code civil. La donation en
avancement d'hoirie est une donation avec condition
suspensive dépendant de la volonté du donataire. Mais
la loi ne distingue nulle part les avancements d'hoirie et
les donations proprement dites ; ces libéralités prennent
date du jour de leur constitution, et, dès lors, conformément à l'article 923, elles doivent être réduites après les
autres libéralités qui leur sont postérieures. En outre,
d'après l'article 785, la donation faite à l'enfant renon-

---

[1]. Marcadé, t. IX, p. 645, n° IV.

çant doit être traitée comme une donation faite à un étranger et, par suite, réduite à la date du jour où elle a été faite. La doctrine de Marcadé est d'ailleurs trop sévère pour l'enfant renonçant; elle ne lui permet pas, et cela malgré l'article 845, de retenir une donation antérieure à toutes les autres libéralités et qui forme peut-être tout son patrimoine.

MM. Duranton[1] et Rodière[2], toujours dans le même but, soutiennent que le père a *tacitement voulu* conserver le droit de disposer de la part de l'enfant donataire en avancement d'hoirie qui renoncerait. D'après le regretté professeur à la Faculté de Droit de Toulouse, la part que le renonçant aurait, au cas d'acceptation recueillie dans la Réserve, devient libre « par l'effet de la volonté implicite, il est vrai, mais incontestable pourtant du donateur qui doit, par conséquent, pouvoir en disposer comme d'une délibation virtuelle du don qu'il a fait. » Ce système est inadmissible, car il repose sur un fondement qui est la violation formelle d'un principe essentiel : l'indisponibilité absolue de la Réserve. Le père ne peut disposer de cette partie de son patrimoine par donation ou par legs; c'est la loi, et la loi seule, qui l'attribue elle-même aux successibles qui se portent héritiers.

En présence de ces résultats, quel parti faut-il prendre? D'abord, maintenir intact le système du Code en repoussant énergiquement la théorie *du cumul*, qui ne fait qu'accroître les inconvénients de celle du *non-cumul*; car le père de famille est trompé de deux manières : la Quotité disponible est épuisée ou entamée, mais surtout

1. Duranton, t. III, n° 287.
2. Rodière, *Revue de Lég. Wolowski*, t. II, p. 360 et suiv.

le simple don en avancement d'hoirie se transforme en
un don par préciput et hors part.

Il faut ensuite rechercher les moyens de remédier aux
conséquences fâcheuses qu'entraîne la doctrine aujour-
d'hui admise. Nous n'hésitons pas à dire qu'ils doivent
être laissés à la pratique notariale et à l'initiative privée.
Le père de famille doit s'éclairer autant que possible et
chercher à connaître les dispositions légales en vertu
desquelles il pourra insérer telles ou telles clauses dans
l'acte de donation. L'insertion d'une condition résolutoire, au cas où le donataire renoncerait à la succession,
est parfaitement valable : le donateur peut dire que le
don en avancement d'hoirie sera caduc si l'héritier gratifié se soustrait au rapport. D'après M. Demolombe[1],
rien dans la loi ne s'oppose à une semblable clause;
M. Labbé[2] lui-même en convient.

On objecte, il est vrai, que la donation n'a pas alors
un caractère de stabilité assez grand, et que pas un
gendre n'acceptera une dot constituée à une jeune fille
sous une telle condition. Ces craintes nous semblent exa-
gérées; du reste, tout dépend des circonstances, et surtout s'il y a d'autres clauses avantageuses dans le contrat
de mariage, le futur époux se résignera sans trop de
difficultés à accepter une dot dont il a au moins la pers-
pective de jouir jusqu'au décès de son beau-père.

Un autre moyen est indiqué par M. Labbé[3] : « Si la
fille donataire, et plus probablement son époux, n'agrée
pas cette première clause assez ridicule, le donateur peut
exprimer que le don en avancement d'hoirie vaudra à

1. Demolombe, *Traité des successions*, t. IV, n° 263.
2. Labbé, *Revue pratique*, t. XI, p. 266.
3. Note sous Arrêt Cass., 10 nov. 1880. (Sir. 1881, 1. 97.)

tout événement, que le donataire vienne ou non à renoncer, mais seulement au maximum, dans la mesure de
la part du donataire dans la Réserve et de sa part dans le
Disponible encore libre au jour de la donation. Le donateur motiverait ainsi sa pensée : Je ne me réserve pas de
reprendre ce que je vous donne ; mais je veux que si ma
fortune diminue, tous mes enfants, à quelque époque
qu'ils aient été dotés, qu'ils acceptent ou non mon hérédité, soient traités également dans la distribution de mes
biens. »

Au surplus, si la renonciation du successible gratifié
résultait d'une collusion frauduleuse entre tous les héritiers (ce qui est rare), les donataires postérieurs pour-
raient, suivant les cas, user de l'action paulienne, faire
annuler la renonciation, et considérer comme héritier le
donataire en avancement d'hoirie. De même que la renonciation, moyennant un prix, prévue par l'article 780-2°,
est convertie en acceptation, de même doit l'être une
renonciation faite d'une façon intéressée.

Mais faut-il aller plus loin et solliciter l'intervention
du législateur ? MM. Bressolles[1] et Labbé[2] font des vœux
en ce sens ; M. Bressolles, de crainte de voir revivre les
arrêts de règlement de l'ancien Droit ; M. Labbé, pour
combler les *desiderata* des juristes. En attendant, le savant
professeur « se résigne » à regret ; « mais, ajoute-t-il, les
juristes qui ne sont pas satisfaits du résultat (personne
ne se déclare satisfait) ne peuvent espérer une améliora-
tion que du législateur. »

Nous ferons remarquer tout d'abord qu'il est bien à

1. Bressolles, *Revue critique de jurisprudence* (1860), t. XVII,
p. 519 et suiv.
2. Labbé, *loc. cit.*

craindre que le législateur ne s'occupe pas de longtemps
de la question. Doit-on même désirer qu'il s'en occupe ? Sur
ce point, nous partageons les craintes et les appréhensions
de M. Demolombe : c'est avec la plus grande prudence
qu'on doit aborder des problèmes aussi délicats et aussi
complexes, et il ne faudrait pas, tout en désirant amé-
liorer et consacrer une théorie aujourd'hui certaine et
indiscutable, rouvrir une série de controverses dont la fin
ne serait pas près d'arriver, si on en juge par celle qui a
duré de 1818 a 1863.

Cependant, si les Chambres étaient un jour saisies d'un
projet de loi tendant à modifier l'article 845 C., il nous
semble que le meilleur système à adopter devrait décider
que l'héritier ne pourra retenir le don en avancement
d'hoirie, ni comme réservataire, puisqu'il est désormais
étranger, ni comme donataire, puisque le père, en dotant
son enfant, a évidemment l'intention de lui procurer
par avance la jouissance de la part que ce dernier est
appelé à recueillir plus tard dans sa succession. L'héritier
donataire ne peut se plaindre, car la loi conserverait la
libéralité telle que la donation l'a entendue, c'est-à-dire
une dotation de jouissance. Ce système présenterait un
double avantage : la Quotité disponible resterait intacte,
et les répudiations de succession, d'où résulte toujours
un blâme pour la mémoire du défunt, seraient le plus
souvent évitées.

Mais cette solution n'est que subsidiaire; l'état actuel
des choses nous paraît devoir être maintenu. Les articles
785 et 845 sont suffisamment clairs; les transformer ou
les compléter nous semble inutile; aussi persistons-nous
dans notre manière de voir. L'initiative privée doit remédier aux conséquences fâcheuses qui, dans certains cas,

peuvent résulter de ces dispositions légales. Nous ne
pouvons mieux faire, en terminant, que de répéter, après
M. le conseiller Faustin-Hélie : « Le législateur, exposant
ces règles, ne peut empêcher qu'il en soit fait abus; il a
dû se fier à la prudence éclairée des pères qui doivent
peser leurs ressources et leurs dispositions. »

POSITIONS

DROIT ROMAIN.

I. La saisine héréditaire n'existait pas en Droit romain.

II. Les fidéicommis sont soumis à la Règle Catonienne.

III. Les Romains, qui ont toujours connu et admis la transmission des créances à titre universel, n'ont jamais admis, au contraire, qu'une créance pût se transmettre à titre particulier.

IV. Le principe de la rescision pour lésion ne doit être appliqué qu'au contrat de vente, et ne doit pas être étendu à tous les contrats de bonne foi.

DROIT FRANÇAIS.

I. L'usufruitier doit profiter de la prime de remboursement ou du lot attribué à l'obligation dont il a la jouissance.

II. En cas d'accident survenu à un voyageur, la responsabilité d'une Compagnie de chemin de fer est une responsabilité contractuelle à laquelle doit être appliquée

par analogie l'article 1784 du Code civil, d'où la conséquence que la Compagnie ne peut échapper à la responsabilité qu'en prouvant que l'accident est dû à un cas
fortuit ou de force majeure.

III. Sous le régime dotal, la séparation de biens a pour
effet de permettre à la femme de toucher ses créances dota-
les, sans en faire emploi, lorsque le contrat de mariage ne
contient pas de clause expresse.

IV. La femme qui renonce à la communauté peut opposer son hypothèque légale au tiers acquéreur d'un conquêt
de communauté.

DROIT PÉNAL.

I. Lorsque les premiers juges n'ont statué que sur un
incident sans se prononcer sur le fond, la Cour d'appel
n'a pas le droit d'évoquer l'affaire.

II. Les condamnations pour rupture de ban prononcées
antérieurement à la loi du 27 mai 1885, qui supprime la
surveillance de la haute police, ne doivent pas être assimilées aux condamnations pour infraction à l'interdiction
de résidence visées par l'article 4 de cette loi, et, par
conséquent, ne doivent pas être comptées en vue de la
rélégation.

DROIT CONSTITUTIONNEL.

I. Lorsque les deux Chambres ont émis un vœu conforme de revision, l'Assemblée nationale est liée par la
limitation contenue dans ce vœu.

II. Le candidat qui a fait sa déclaration, conformément à la loi du 17 juillet 1889, ne peut faire aucun acte de candidature avant d'avoir reçu le récépissé définitif.

Vu par le *Président de la thèse*.
Toulouse, le 18 novembre 1891.

L. CAMPISTRON.

Vu par le *Doyen de la Faculté*.
Toulouse, le 19 novembre 1891.

J. PAGET.

Vu et permis d'imprimer :
Toulouse, le 19 novembre 1891.

Le Recteur,
PERROUD.

TABLE DES MATIÈRES

Toulouse, Imp. DOULADOURE-PRIVAT, rue St-Rome, 89. — 9609

RED. :

19

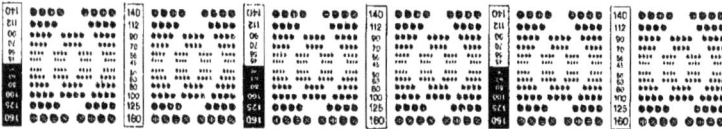

379 89 70
graphicom

0 1 2 3 4 5 6 7 8 9 10

www.ingramcontent.com/pod-product-compliance
Lightning Source LLC
Chambersburg PA
CBHW070501200326
41519CB00013B/2669